A Ave-Maria
O feminino e o Espírito Santo

Dados Internacionais de Catalogação na Publicação (CIP)
(Câmara Brasileira do Livro, SP, Brasil)

Boff, Leonardo, 1938-
  A Ave-Maria : o feminino e o Espírito Santo / Leonardo Boff. 9. ed. – Petrópolis, RJ : Vozes, 2009.
  ISBN 978-85-326-0260-2
  1. Ave-Maria (Oração) 2. Maria, Virgem Santa – Teologia I. Título.

08-00471   CDD-242.74

Índices para catálogo sistemático:
1. Ave-Maria : Orações marianas : Cristianismo
   242.74

Leonardo Boff

A Ave-Maria

O Feminino e o Espírito Santo

Petrópolis

© by Animus / Anima Produções, 2003
Caixa Postal 92.144 – Itaipava
25750-970 Petrópolis, RJ

Direitos de publicação em língua portuguesa:
1980, Editora Vozes Ltda.
Rua Frei Luís, 100
25689-900 Petrópolis, RJ
Internet: http://www.vozes.com.br

Assessoria Jurídica e Agenciamento Literário:
Cristiano Monteiro de Miranda
(21) 9385-5335
cristianomiranda@leonardoboff.com

Todos os direitos reservados. Nenhuma parte desta obra poderá ser reproduzida ou transmitida por qualquer forma e/ou quaisquer meios (eletrônico ou mecânico, incluindo fotocópia e gravação) ou arquivada em qualquer sistema ou banco de dados sem permissão escrita da Editora.

Diretor editorial
Frei Antônio Moser

Editores
Ana Paula Santos Matos
José Maria da Silva
Lídio Peretti
Marilac Loraine Oleniki

Secretário executivo
João Batista Kreuch

Projeto gráfico: AG.SR Desenv. Gráfico
Capa: Adriana Miranda

ISBN 978-85-326-0260-2

Editado conforme o novo acordo ortográfico.

Este livro foi composto e impresso pela Editora Vozes Ltda.

À Valéria, minha cunhada,
e à Maria da Paz e Regina:
por tê-las feito suas filhas,
para além dos laços de sangue,
na força do amor da Mãe de Deus.

 Sumário

Prefácio, 11

I. Maria, o Feminino e o Espírito Santo, 13
   1. O feminino: caminho a Deus e caminho de Deus, 14
   2. A ave-maria: a memória coletiva da Igreja, 15

II. Quando tem sentido rezar a ave-maria, 17
   1. Os dois polos da oração cristã, 19
   2. Maria, lugar da revelação de Deus, 21
   3. Maria, lugar da revelação da mulher, 23
   4. Maria, lugar da revelação do feminino, 25
   5. Método de nossa reflexão, 27
   6. Como surgiu a ave-maria, 28

III. Ave, Maria: alegra-te, bem-amada de Deus!, 35
   1. Ave! Alegra-te!, 37
   2. Maria: a bem-amada de Deus, 41

IV. Cheia de graça, a contemplada: o verdadeiro nome de Maria, 47

    1. Maria associada ao Espírito Santo, 48

    2. Cheia de graça: a contemplada, 51

    3. O Senhor é convosco, 54

V. Bendita sois vós entre as mulheres, 57

    1. A mais abençoada das mulheres, 58

    2. A densificação do feminino, 59

VI. Bendito o fruto de vosso ventre, Jesus, 67

    1. Jesus bendito: portador permanente do Espírito, 68

    2. Jesus: Deus-libertador, 69

VII. Santa Maria: a Santidade do Espírito Santo na história, 73

    1. Santo: outro nome de Deus, 74

    2. Maria, a Santa de Deus: o Espírito Santo se pneumatifica, 77

    3. Relevância antropológica: o feminino unido ao Espírito Santo, 85

VIII. Mãe de Deus: o Espírito e o Feminino, 87

    1. O conteúdo da fé perene sobre a maternidade divina, 88

    2. A maternidade divina por causa do Espírito Santo, 90

3. A virgindade divina de Maria, 93

4. A maternidade divina de Maria, 96

5. O Espírito Santo, a divina Mãe do homem Jesus?, 101

6. A maternidade universal de Maria e do Espírito, 103

IX. Rogai por nós pecadores agora e na hora de nossa morte, 105

1. A intercessão como fenômeno humano, 106

2. A intercessão como realidade teológica, 109

3. Maria, a onipotência intercessora, 112

4. Maria, refúgio dos pecadores, 113

5. Agora e na hora de nossa morte, 114

X. Amém, 117

Livros de Leonardo Boff, 121

Prefácio

A Ave-Maria é com o Pai-nosso a oração diuturna dos cristãos. À força de recitá-la, passamos, com frequência, ao largo de seu significado profundo.

Antes de mais nada, trata-se de uma mulher: Maria. Num momento da história ela ocupa um lugar central porque "o Espírito Santo veio sobre ela" (Lc 1,35). Diz-se mais: que Ele "armou sua tenda sobre ela" (Lc 1,35), expressão bíblica para dizer que Ele veio morar permanentemente com ela. Por causa da presença do Espírito ela ficou "cheia de graça" (Lc 1,28). Para a Bíblia, Espírito Santo e graça são sinônimos. O Concílio Vaticano II diz com propriedade: "Maria é como que plasmada pelo Espírito Santo e formada nova criatura" (*Lumen Gentium*, 56, 144).

Se ela é repleta do Espírito significa que foi elevada à altura do Espírito. Para gerar o novíssimo Adão, Jesus Cristo (cf. 1Cor 15,45), Maria foi feita a novíssima Eva. Somente Deus pode gerar Deus, e Maria foi elevada à altura divina pelo Espírito Santo para poder gerar o Filho de Deus. São Lucas intencionalmente diz: "E é por isso que o Santo que nascer de ti será chamado Filho de Deus" (1,35). Esse "é por isso" quer expressar o porquê de seu filho não ser apenas um filho, nascido de mulher, mas o Filho de Deus. Por ter sido elevada à altura de Deus (Espírito Santo), o que nasce dela só pode ser Filho de Deus. Maria, de fato, torna-se a mãe do Filho de Deus.

Este é o grande segredo e mistério de Maria abordado neste livro: a ligação estreita entre o feminino, representado por Maria, e o Espírito Santo. O masculino foi divinizado através da encarnação do Filho; o feminino foi espiritualizado pelo Espírito Santo vindo e permanecendo sobre Maria.

As duas pessoas divinas estão entre nós: o Espírito Santo em Maria, fazendo que em seu seio comece a nascer o Filho de Deus, o Verbo encarnado.

Por causa desse seu lugar no mistério divino, Maria é bendita entre todas as mulheres; ela revela a dimensão feminina da graça; representa o Grande Útero que a todos acolhe com carinho de mãe. Esse é o termo de nossa peregrinação terrestre e a culminância de nossa felicidade.

Leonardo Boff
Petrópolis, Festa da Anunciação de 2009.

I
Maria, o Feminino e o Espírito Santo

Ave, Maria
Cheia de graça
O Senhor é convosco
Bendita sois vós entre as mulheres
E bendito é o fruto de vosso ventre, Jesus.

Santa Maria
Mãe de Deus
Rogai por nós pecadores
Agora e na hora de nossa morte.
Amém.

A nossa cultura é pervadida de uma imensa sede de emancipação e de uma sentida fome de libertação. Uma leitura religiosa da história discerne nestes movimentos a irrupção do Espírito. Onde ele se faz presente aí fecunda a liberdade (cf. 2Cor 3,17).

A mulher e o feminino derivado dela foram durante séculos relegados a uma função subalterna na compreensão do ser humano e na organização da sociedade. Sem a integração consciente do feminino ficamos todos mais pobres. Hoje compreendemos a urgência da libertação da mulher e da remoção dos preconceitos que obstaculizam a emergência de riquezas que só a mulher pode trazer para as buscas humanas. Por isso existe algo de sagrado e de messiânico no processo de libertação dos homens, abrindo mais espaço para que cada um possa revelar a fecundidade própria do ser varão e do ser mulher, num grande respeito e apreço da identidade de cada sexo. A libertação não significa um processo de vindita histórica ou de concorrência dos sexos. Significa a ação que liberta a liberdade de uns e de outros, superando os mecanismos de dominação e propiciando os caminhos que vão do coração da mulher ao do varão e do coração do varão ao da mulher. Destarte todos crescemos na direção do reino de uma mais fecunda liberdade.

1. O feminino: caminho a Deus e caminho de Deus

A palavra da revelação nos faz descobrir na mulher uma imagem e semelhança de Deus (Gn 1,27). Ela revela e historicamente concretiza valores, dimensões do humano e promessas que nos dão alguma ideia do que seja o mistério de Deus.

Sem ela saberíamos menos de Deus. Ela é caminho a Deus de uma forma própria e insubstituível. Toda vez que a mulher é marginalizada na Igreja se perturba nossa experiência de Deus; empobrecemo-nos e nos fechamos a um sacramento radical de Deus; ao mesmo tempo recalcamos dentro de nós uma profundidade que existe e atua dentro de cada ser humano: a estrutura feminina que não é exclusiva da mulher, mas constitui uma dimensão de todo o ser humano em densidades e concretizações diferentes e próprias a cada sexo.

A mulher e o feminino são também caminhos de Deus em sua busca de encontro com o ser humano. Deus possui também um rosto materno além de paterno. Sua revelação e sua gesta libertadora vêm marcadas por traços femininos, virginais, esponsoriais, maternais. A plenitude da hominização se expressa por um sentir-se totalmente aconchegado num seio materno e infinito. Só então temos a certeza de ser plenamente aceitos.

A fé cristã apresenta Maria como o grande ícone revelador da face feminina de Deus. A vontade de autoentrega de Deus se realizou em Maria numa plenitude que não comporta mais crescimento. O Espírito Santo veio efetivamente sobre ela (Lc 1,35); contemplou-a para ser seu templo e seu sacrário entre os homens; com ela se inicia – porque toda mulher é Eva, isto é, mãe da vida – o germinar da vida divinizada. Por isso sua fecundidade maternal é também divina, pois ficou grávida pelo Espírito Santo (Mt 1,18); o que nasceria dela só podia ser Filho de Deus e Santo da santidade do Espírito Santo (Lc 1,35).

Tudo isto é realidade em Maria e, ao mesmo tempo, é promessa para todas as mulheres. Ela significa um arquétipo supremo que evoca o sentido terminal de todo o feminino. Por isso que as maravilhas operadas pelo Mistério nela desbordam do significado biográfico de Maria e alcançam o problema humano em sua dimensão feminina. E como o feminino não é exclusividade da mulher, mas próprio da estrutura humana, tal significação concerne também aos varões.

2. A ave-maria: a memória coletiva da Igreja

A oração da ave-maria, tão profundamente assimilada, juntamente com o pai-nosso, à piedade diuturna dos cristãos desde os primeiros balbucios das crianças, encerra todas as riquezas do mistério de Deus em Maria. É qual mina de ouro; quanto mais se cava mais pepitas vêm à tona. As frases são simples mas escondem o dom de Deus que, na história de sua autocomunicação aos homens, nunca busca os caminhos escarpados e o emaranhado das muitas palavras. Deus prefere antes fazer do que falar. Depois vêm os homens religiosos e proféticos e tentam dizer com palavras humanas aquilo que não se encontra em nenhum dicionário. E com as muitas palavras vêm também as sofisticações, as sutilezas e, não raro, as confusões.

Na breve oração da ave-maria se cristalizou a memória coletiva dos cristãos. Com sua recitação trazemos à tona da consciência, do louvor e da petição aquilo que se passa no nível do mistério.

Nosso esforço de exegese, de teologia e de piedade consiste em devolver aos cristãos aquilo que é seu patrimônio secular. Mas se trata de um devolver com uma pretensão: de recolher, aprofundar, sistematizar o implícito e latente das palavras para fazê-lo mais explícito e patente e assim conferir maior sabor à doce oração da ave-maria.

II
Quando tem sentido rezar a ave-maria

Mistério profundo e insondável
Em tudo penetra e reluz
Seu rosto bondoso e inefável
Que via a Ele conduz?

Nós sempre já nele estamos
De seu raio nunca saímos
A Ele jamais caminhamos
Sua Luz nos abre à luz.

Pai é seu nome: mistério,
Sol de luz e calor.
Dois emissários do etéreo:
O Espírito e o santo Jesus

Jesus é a Luz que nos guia
Calor é o Espírito Santo
Calor e Luz são a via
Que ao seio do Pai reconduz.

Por eles a face solar,
Do Pai de bondade entrevemos
Um fez de Maria seu lar
Outro fez sua carne em Jesus.

A verdadeira oração pressupõe a fé viva. A fé, mais que adesão a verdades religiosas, importa num modo de ser, uma maneira de conduzir a existência sempre interpretada e vivida à luz do mistério de Deus especialmente como foi revelado no caminho histórico de Jesus Cristo. A pessoa de fé afirma que o centro de nosso coração não está no próprio coração, mas fora dele, em Deus, porque "Deus é maior do que o nosso coração" (1Jo 3,20). Nesta excentração reside a essência da fé. Como se depreende, a fé recobre todas as dimensões da vida humana, mesmo as mais seculares. Tudo pode ser iluminado pela luz de Deus, a nossa atividade na produção e reprodução da vida no econômico e social, a vida familiar, intelectual e amorosa. Nada escapa de Deus; Ele penetra tudo, subjaz a tudo e atrai tudo. Em Deus o homem de fé vive sua vida, suporta suas tribulações, goza das parcas alegrias e acolhe o enigma da morte.

A oração traduz a suprema expressão da fé viva. Pela oração, a pessoa deixa, como que atrás de si, o universo de todas as coisas e busca uma relação com o Supremo. Eis a manifestação da verdadeira transcendência humana. Só o ser humano pode colocar-se numa posição "extática", vale dizer, contemplar cara a cara a Deus, gritar-lhe "meu Pai!" e assim ultrapassar todos os limites impostos pela criação e pela história. Nesta atitude se encontra sua suprema dignidade. Orar é um ato de coragem; supõe grandeza e dilatação do espírito e do coração para além dos tempos indefinidos e dos espaços abertos do macrocosmo. Tudo isto é demasiadamente pequeno diante de Deus e diante do impulso do coração que não diz "sum!" (eu sou) mas "sursum" (para cima)!

É por isto que os grandes orantes são profundamente humanitários e extremamente humildes. A oração os coloca acima de todas as grandezas que se apequenam diante da verdadeira grandeza de Deus. E esta grandeza de Deus não é aniquilante; ela confere sentido de dignidade ao pó que se sabe pó e ao mesmo tempo se sente numa relação única com Deus; experimenta-se habitado pelo Infinito.

Por causa da descentração que supõe, a oração apresenta-se como profundamente terápica; sempre que rompe o círculo fechado em que se encontra e estabelece uma relação, o eu se torna mais eu e mais humano. Comungando com o Supremo se torna, de certa forma, também supremo.

1. Os dois polos da oração cristã

Há dois polos de acesso ao mistério santo e inefável, origem sem origem de tudo o que existe e pode existir de divino e de criacional, que chamamos Pai: o Filho e o Espírito Santo. O que quer que podemos saber de Deus Pai que "habita numa luz inacessível" (1Tm 6,16) e "que ninguém jamais viu" (1Jo 4,12), o sabemos mediante a revelação do Filho e do Espírito Santo.

Tanto um quanto o outro possui uma missão extratrinitária em ordem à divinização do ser humano. O Filho se encarnou em Jesus de Nazaré, cristificou destarte toda a realidade por ele tocada, conferindo a cada ser, até aos infra-humanos, um caráter filial e fraternal. Somos concebidos pelo Pai como filhos no seu Filho bem-amado, unigênito e terno. Em seu modo de ser, em suas palavras, na sua gesta libertadora nos revelou o rosto escondido do Pai de infinita bondade (cf. Lc 6,35). Ele podia com razão dizer "eu e o Pai somos um" (Jo 10,30) de sorte que "quem me vê, vê também o Pai" (Jo 14,9). Tudo passa necessariamente por ele, porque "todas as coisas foram feitas por ele" (Jo 1,3) e "tudo subsiste nele" (Cl 1,17); ele é simplesmente "tudo em todas as coisas" (Cl 3,11). Ele é o caminho e a mediação necessária para o coração do mistério de Deus Pai (Jo 14,6; 1Tm 2,5). Por Jesus o masculino encontrou sua suprema realização; esta só é realmente suprema caso venha assumida pelo próprio Deus; é o que ocorreu em Jesus Cristo: sua humanidade sob a determinação masculina é a humanidade do próprio Filho de Deus encarnado.

Este é um polo da oração cristã; ela jamais poderá deixar de ser cristocêntrica; caso contrário perderia o acesso ao derradeiro sentido de tudo que é o Pai.

O outro polo da oração cristã nos é dado pelo Espírito Santo. Ele também foi enviado para divinizar a criação e pneumatizar os homens com sua graça. Ele veio sobre Maria (Lc 1,35), fazendo-a templo do Espírito, o tabernáculo escatológico e o santuário definitivo de forma tão real e radical que ela se encontra unida de forma única com Ele[1]. O Espírito prolonga o mistério da encarnação do Filho; toma do que é de Jesus e no-lo dá a conhecer de forma plena (Jo 16,14); por isso Ele é a testemunha do Filho (Paráclito: Jo 14,15; 16,7), sua memória permanente no mundo (Jo 14, 26), numa palavra, o Espírito da verdade (Jo 14,17; 16,13). Pelo Espírito o feminino alcançou sua realização terminal. Atuando em Maria de maneira real e íntima fez com que ela fosse a mãe de Deus. Unida ao Espírito Santo, o que nasceu dela era Santo, o Filho de Deus (Lc 1,35). O feminino de Maria se faz assim parte do próprio mistério de Deus. Como o masculino em Jesus é divinizado pelo Filho, assim o femi-

---

1. Para um aprofundamento desta questão veja Boff, L. *O rosto materno de Deus*. Petrópolis, 1979, 92-107.

nino em Maria é divinizado pelo Espírito Santo. Daí ser o princípio mariológico não algo marginal na história da revelação de Deus. Ele completa o princípio cristológico. Juntos revelam a face misteriosa do Pai e elevam o ser humano – que é sempre simultaneamente masculino e feminino em proporções próprias – a seu destino derradeiro em Deus.

Agora podemos compreender por que todas as orações da Igreja terminam com a fórmula ritual: *ao* Pai *pelo* Filho *no* Espírito Santo.

Quando rezamos a ave-maria a fé articula esta profundidade com referência ao Espírito Santo pelo qual acedemos ao Pai. E o Espírito densificou sua presença na pessoa, vida e obra de Maria. Em Maria e por Maria tocamos em algo último que aí se nos comunica. São Bernardo com razão dizia que na saudação angélica "arcana mysteria reserans"[2] se contêm mistérios escondidos. Nossa reflexão intentará desentranhar estes mistérios escondidos. Vejamos, rapidamente, três pontos decisivos: Maria, como lugar da revelação de Deus, como lugar da revelação da mulher e como lugar da revelação do feminino em sua forma escatológica.

2. Maria, lugar da revelação de Deus

Em Maria contemplamos, admirados, uma série de intervenções divinas que a colocam no centro da vontade autocomunicadora de Deus. Primeiramente ela foi preservada de todo pecado; ela jamais pertenceu à ordem decadente da criação. Desde a eternidade, Maria foi pensada e querida por Deus para ser o receptáculo perfeito do Espírito Santo.

---

2. *De diversis Serm.*, 52,2; PL 183, 675.

Por isso ela é eternamente a imaculada conceição. Quando chegou a plenitude dos tempos, quando o Pai determinou enviar o seu Filho e o Espírito Santo, fez nascer Maria. Totalmente aberta, era o templo vivo de Deus, preparado para acolher a visita do alto. O Espírito foi enviado a ela. O ser novo, o "novissimus Adam" (1Cor 15,45), começa a crescer dentro dela, pois ficara grávida do Espírito Santo (Mt 1,18). O Espírito agora encontra uma morada permanente e ficará na humanidade para sempre. De Maria se irradia para a Igreja e da Igreja para a humanidade inteira. O Espírito, respeitando sua virgindade perpétua, a fez também mãe de Deus. O fruto de Maria é o Filho eterno de Deus que assume a carne, gerada por Maria, fazendo-se irmão de toda humana criatura. Maria e Jesus estão totalmente a serviço do desígnio do Pai. Ambos libertam a humanidade e refazem a primigênia direção da criação para o seu fim feliz e transcendente. Sempre nos momentos decisivos estava junto de seu Filho, no começo, no meio e no termo da vida, sempre solidária com os homens, especialmente os mais oprimidos em nome dos quais tem a coragem de suplicar o braço vingador de Deus (cf. Lc 1,46-55). Como Jesus, ressuscitou e foi assunta ao céu, onde continua a interceder e a esperar por seus filhos. Ao longo da história da Igreja, Maria sempre ocupou um lugar central; os fiéis experimentaram nela uma última instância de vida, graça e aconchego. Suas aparições demonstram sua maternal preocupação para com a salvação de seus filhos, particularmente os mais abandonados.

Como transparece, Maria constitui um meio privilegiado da autocomunicação do mistério de Deus. A história divina, da simpatia de Deus para com os homens, se torna incompleta sem a figura ímpar de Maria.

3. Maria, lugar da revelação da mulher

Não é indiferente o fato de Deus ter feito sua gesta numa mulher. Ela possui igual dignidade à do varão; sem ela faltaria algo na história de todos os homens, pois estaríamos privados da colaboração e presença da mulher que compõe a outra metade dos seres humanos. Maria não se comportou passivamente diante da iniciativa de Deus. Ela agiu dentro da especificidade própria da mulher. E é aqui que Maria ganha uma relevância universal. Não está só na história da salvação. Junto a ela está toda a humanidade feminina. Maria prolonga toda a grandeza, profundidade, capacidade de escuta e acolhida, de entrega e doação que as mulheres, ao largo de toda a história, viveram sob a força do Espírito. Como toda estrela precisa de aura para brilhar, assim Maria precisa estar inserida na multidão das mulheres de toda a história para manifestar sua verdadeira grandeza.

O que seja a mulher no desígnio do Eterno, devemos procurá-lo na vida e obra de Maria. Ela é a "ecce mulier", arquétipo supremo para todas as demais mulheres. Ela evoca e anima todas as qualidades positivas que estão potencialmente semeadas na profundidade de cada mulher.

Na célebre exortação apostólica de Paulo VI, *Marialis Cultus* (1974), diz-se claramente que "Maria pode ser tomada como modelo naquilo por que anelam os homens do nosso tempo. Assim para dar alguns exemplos: a mulher contemporânea, desejosa de participar com poder de decisão nas opções da comunidade, contemplará com íntima alegria a Virgem Santíssima que, assumida para o diálogo com Deus, dá o seu consentimento ativo e responsável (*Lumen Gentium* 56), não para a solução de um problema contingente, mas sim da 'obra dos séculos' como foi designada com justeza a encarnação do Verbo; dar-se-á conta de que a escolha do estado virginal por parte de Maria, que no desígnio de Deus a dispunha para o mistério da encarnação, não foi um ato de fechar-se a qualquer dos valores do estado matrimonial, mas constitui uma opção corajosa, feita para se consagrar totalmente ao amor de Deus; constatará, com grata surpresa, que Maria de Nazaré, apesar de absolutamente abandonada à vontade do Senhor, longe de ser uma mulher passivamente submissa ou de uma religiosidade alienante, foi uma mulher que não duvidou em afirmar que Deus é vingador dos humildes e dos oprimidos e derruba dos seus tronos os poderosos do mundo (cf. Lc 1,51-53); e reconhecerá em Maria, que é 'a primeira entre os humildes e os pobres do Senhor' (*Lumen Gentium* 55), uma mulher forte, que conheceu de perto a pobreza e o sofrimento, a fuga e o exílio (cf. Mt 2,13-23) – situações, estas, que não podem escapar à atenção de quem quiser secundar, com espírito evangélico, as energias libertadoras do ser humano e da sociedade; e não lhe aparecerá Maria, ainda, como uma mãe ciosamente voltada só para o próprio Filho divino, mas sim como aquela mulher que, com a sua ação, favoreceu a fé da comunidade apostólica, em Cristo (cf. Jo 2,1-12), e cuja função materna se dilatou, vindo a assumir no Calvário dimensões universais"[3].

Estes são alguns exemplos que põem de manifesto as virtudes da mulher Maria e que corporificam as qualidades melhores de toda mulher. Em Maria a mulher encontra, como que num espelho, a vocação à qual foi chamada por

---

3. Cf. *O culto à Virgem Maria* (Documentos Pontifícios 186). Petrópolis, 1974, n. 37.

Deus; a um tempo que revela a mulher a si mesma, revela também Deus à humanidade sob o rosto feminino.

4. Maria, lugar da revelação do feminino

O feminino não concretiza uma exclusividade da mulher; constitui uma determinação essencial de todo ser humano. Cada ser humano é simultaneamente masculino e feminino[4]; a mulher historifica mais densamente o feminino, por isso é mulher e não varão, embora conserve em seu ser sempre presente também a dimensão masculina. O varão tematiza, em seu ser, o masculino, por isso é varão e não mulher; mas dentro de si guarda também a dimensão feminina. O feminino conheceu na história as mais distintas manifestações, de sorte que nenhuma definição conceptual faz justiça à riqueza do feminino; nem é fixado uma vez por todas; constitui uma fonte inesgotável do mistério humano, aberta a novas expressões, fonte cujas origens se perdem para dentro do mistério do próprio Deus.

Tributa-se na conta do feminino toda a dimensão de ternura, "finesse", vitalidade, profundidade, interioridade, sentimento, receptividade, doação, cuidado e aconchego que se expressa na existência humana do varão e da mulher. Estas qualidades possuem seu último fundamento no próprio Deus, que, na história da salvação, manifestou também dimensões femininas. Os textos sagrados apresentam-no como a mãe que consola (Is 66,13), que sempre tem presente o filho de suas entranhas (Is 49,15; Sl 25,6; 116,5) e o er-

---

4. Para toda esta questão: Boff, L. "Masculino e feminino: o que é?" Fragmentos de uma ontologia, em *Vozes* 68 (1974) 677-690; Vários (ed. por E. Sullerot), *Le fait féminin*. Fayard, Paris, 1978.

gue carinhosamente até junto de seu rosto (Os 11,4) e que, no termo da história, qual grande e bondosa mãe, enxugará as lágrimas de nossos olhos (Ap 21,4). Deus não é somente Pai de infinita bondade; é também Mãe de ilimitada ternura. E a salvação que se operou na história demonstra o traço carinhoso e aconchegador de Deus Mãe. O instrumento privilegiado desta dimensão foi Maria. Nela o feminino radical e universal encontrou sua historificação suprema. O feminino foi penetrado pelo Espírito Santo no momento da Anunciação (Lc 1,35; Mt 1,18) e destarte exaltado à altura do próprio Deus[5]. Agora podemos saber qual é o destino terminal do feminino: ser lugar da revelação do rosto feminino de Deus; o feminino também é vocacionado à mais alta realização em Deus mediante uma particular associação com a pessoa do Espírito Santo.

Maria concretizou já dentro da história a escatologia da história feminina; cada mulher, em sua medida própria, e em participação com Maria, encontrará a plena realização no Reino de Deus mediante uma inserção única no mistério da terceira pessoa da Santíssima Trindade.

Quando rezamos a Maria não podemos olvidar este transfundo último do mistério que ela encarna e do significado que ela assume para todos os seres humanos em sua dimensão de feminilidade, não só para as mulheres, mas também para os varões.

---

5. Cf. Doyle, E. God and the Feminine, em *The Clergy Review* 56 (1971) 866-877; Greely, A.M. *The Mary Myth*. On the Feminity of God. Nova Iorque, 1977; Burns, J.E. *God as Woman, Woman as God*. Nova Iorque e Toronto, 1976.

5. Método de nossa reflexão

Ao reflexionarmos sobre a oração da ave-maria queremos ter presentes todos estes níveis de profundidade. Eles estão contidos na literariedade do texto; entretanto não são visíveis, mas estão aí sepultados; a tarefa da reflexão é desentranhar a riqueza escondida sob tão frágeis véus; só então a letra vira espírito; e o espírito sempre vivifica.

Nosso procedimento obedecerá permanentemente à seguinte estratégia expositiva. Partiremos do texto; aí se impõe uma exegese dele, identificando o sentido manifesto. Em seguida, tentar-se-á uma penetração a estruturas de sentido mais fundas que ultrapassam o texto; o próprio texto, neste nível, significa um momento, entre outros, de manifestação de um sentido antropológico de fundo. Feita esta operação, trabalhar-se-á, por fim, sobre o sentido teológico-mariano de cada parte da ave-maria; nesta parte não temos a ver apenas com o ser humano (Maria), mas com Deus mesmo que se revela mediante Maria.

Como se vê, não nos ateremos a um sentido fixado no passado, no tempo em que se pronunciou a saudação angélica; esforçar-nos-emos por captar o permanentemente válido da oração mariana e tentaremos dizê-lo para o nosso presente, para o tempo em que o Senhor nos destinou viver e rezar a ave-maria. Portanto, o passado e o presente, o manifesto e o escondido se encontram numa mesma tarefa interpretativa. Trabalhar assim é fazer teologia; seu sentido é mais do que procurar saber; é a diligência de alimentar a piedade e aprofundar aquilo que possuímos tranquilamente na fé.

6. Como surgiu a ave-maria

Antes de penetrarmos nos umbrais da análise, conviria historiarmos a formação da ave-maria[6]. É composta de três partes: a primeira é tirada da saudação do anjo Gabriel: "Ave, Maria, cheia de graça, o Senhor é convosco" (Lc 1,28); a segunda é tomada do louvor que Isabel faz a Maria: "bendita sois vós entre as mulheres e bendito o fruto de vosso ventre" (Lc 1,42); a terceira parte é uma invocação da Igreja, de origem bem posterior: "Santa Maria, mãe de Deus, rogai por nós pecadores, agora e na hora de nossa morte, amém". Foi necessário um milênio, do século VI- XVI, para que se chegasse à fixação atual da ave-maria. Sua história, como de quase todas as grandes orações populares da Igreja, é cheia de ziguezagues, não se sabendo exatamente seus inícios. É semelhante à devoção a Maria: inicialmente se parece à insignificância de um pequeno córrego; lentamente vai se avolumando até terminar num caudal amazônico, expressão do grandioso sentido da fé.

A ligação da saudação do anjo com o louvor de Isabel já é atestada no século VI numa liturgia batismal da Igreja siríaca cuja formulação se deve a Severo de Antioquia (538); sabemos que as igrejas orientais bem cedo começaram a venerar a virgem Maria: a liturgia siríaca de S. Tiago, a egípcia

---

6. As informações são colhidas das seguintes fontes: Berlière, U. Angélique (Salutation) em *Dictionnaire de Théologie Catholique* I (1905) 1273-1277; Thurston, H. *Dictionnaire de Spiritualité ascétique et mystique* I (1935) 1161-1165; Roschini M. L'Ave Maria: note storiche, em *Marianum* 5 (1943) 177-185; Cecchetti, I. Ave-Maria, em *Enciclopedia cattolica* I (1949) 512-516; Jungmann J.A. Ave-Maria, em *Lexikon für Théologie und Kirche* I (1957) 1141; Angel, L. El ave maria através de los tiempos, em *Cultura Bíblica* n. 31 (1946) e 32 (1947).

de S. Marcos e a etíope dos doze apóstolos. Num "ostracom" (pedaço de pote de barro) encontrado no Egito, em Lucsor, datado do século VII, se lê a seguinte oração: "Ave, Maria, cheia de graça, o Senhor é convosco, bendita sois vós entre todas as mulheres e bendito o fruto de vosso ventre, porque vós concebestes o Cristo o Filho de Deus, o Redentor de nossas almas"[7]. Na igreja Santa Maria Antiqua de Roma existe uma inscrição mutilada do ano 650, em caracteres gregos, trazendo já as duas partes da ave-maria. Um pouco antes, no tempo do Papa São Gregório Magno (590-604), já aparece a união dos dois versículos da ave-maria, como antífona do ofertório do quarto domingo do Advento. A partir daí começa a se impor e a ser comentada nas homilias, como por exemplo de S. João Damasceno († 749) e nos clássicos sermões de S. Bernardo de Claraval.

Da liturgia, a ave-maria passa à piedade popular. Propagam-se legendas acerca da força especial de impetração que está ligada à recitação de um sem-número de aves. A ave-maria aparece em selos, sinos, vasos, candelabros e móveis. A primeira parte da ave-maria até o "bendito fruto de vosso ventre" começa a ser recitada como jaculatória. Sabe-se que a condessa alemã Ada a recita 60 vezes ao dia, por volta do ano 1090. Em 1140 o santo monge Alberto recita diariamente 150 ave-marias à moda dos 150 salmos. Começam a associar-se penitências como forma de prestar culto à

---

7. O texto é citado por Thurston, H., no *Dictionnaire de Spiritualité*, 1162. Escavações recentes descobriram nas ruínas da igreja-sinagoga de Nazaré construída sobre a casa de José e de Maria já no século II-III a inscrição *Xê María*, Ave Maria, o que denota a devoção bem primitiva à mãe de Jesus: Bagatti, B. *A Igreja da circuncisão*. Petrópolis, 1975, 140.

virgem. A bem-aventurada Ida de Lovaina († 1310) chegou a fazer por dia 1.100 genuflexões com as correspondentes ave-marias. Outra bem-aventurada, Maria Madalena Martinengo, capuchinha do século XVIII, recitava 100 vezes a ave-maria com iguais prostrações; e aconselhava as noviças a fazerem o mesmo.

Da piedade popular livre se passa às prescrições obrigatórias pelos sínodos episcopais. O bispo de Paris Odon no sínodo de 1198 prescreve a ave-maria com a mesma obrigação que o pai-nosso e o credo. O mesmo fazem os sínodos de Coventry na Inglaterra em 1237; de Trier na Alemanha, já antes, em 1227; de Valência na Espanha em 1255. A partir de 1221 aparecem os estatutos religiosos dos cistercienses, camaldulenses e outros, obrigando a recitação da ave-maria. Em 1266 os dominicanos a prescrevem para os irmãos leigos em seu ofício divino.

O acréscimo "Jesus" ao "bendito é o fruto de vosso ventre" se atribui ao Papa Urbano IV (1261-1264). As fórmulas variavam, umas curtas outras mais longas como esta do século XVI: "Jesus Cristo, amém, que é Deus glorioso e bendito pelos séculos".

A segunda parte, a invocação da Igreja, "Santa Maria, mãe de Deus, rogai por nós..." conheceu primeiramente várias fórmulas. No século XIII num breviário cartuxo se rezava simplesmente: "Santa Maria, rogai por nós". Num outro breviário cartuxo do século XIV se acrescentou: "rogai por nós pecadores". Por fim São Bernardino de Sena num sermão em que comenta o ave diz: "não posso me impedir de acrescentar: Santa Maria, rogai por nós pecadores". Daí se espalha entre o povo e o Concílio de Narbona de 1551 o assume oficialmente.

O último acréscimo "agora e na hora de nossa morte" é atestado em 1350 num breviário cartuxo e depois assumido pelos trinitários e camaldulenses. Em 1525 já se encontra assimilado nos catecismos.

A fórmula que persiste até hoje foi fixada por Pio V em 1568 por ocasião da reforma litúrgica. Prescreve a recitação silenciosa do pai-nosso e da ave-maria antes das horas canônicas. Isso foi válido até 1955 quando Pio XII empreendeu a reforma litúrgica que aboliu esta obrigação.

A ave-maria está ainda associada ao "angelus", costume conservado ainda em muitos países e, entre nós, em cidades menores e do interior. Três vezes ao dia, de manhã, ao meio-dia e à tardezinha, por volta das 18 horas, costuma-se tocar o sino e se recitar três vezes a ave-maria. As origens são pouco seguras. O primeiro foi o angelus da tarde, atestado já no século XIII. O Papa João XXII em 1318 aprovou o costume definitivamente conferindo-lhe indulgências. O angelus matutino é posterior; entretanto as crônicas de Parma confirmam o costume já em 1318. Aquele do meio-dia é tardio; sua introdução se deriva do uso de se tocar os sinos às sextas-feiras em memória da paixão do Senhor. No século XV já se tocava todos os dias. A uniformização se estabeleceu no século XVII com o toque do "angelus" três vezes ao dia. O sentido originário era rezar pela paz, especialmente, face às ameaças dos turcos que durante séculos pesaram sobre a cristandade europeia. Costumava-se fundir nos sinos inscrições como esta: "O rex gloriae, veni cum pace": Ó rei da glória, venha com a paz!

A recitação da ave-maria encontrou seu contexto melhor no rosário[8]. Este é composto de 150 ave-marias; cada dez são intercaladas por um pai-nosso ou um glória ao Pai; em cada dezena se enuncia um mistério de nossa redenção e libertação. Normalmente se recita apenas a terça parte do rosário, vale dizer, 50 ave-marias com cinco glórias ao Pai. Cada parte é consagrada à meditação dos mistérios relativos ao gozo (primeira parte), à dor (segunda parte) e à glória (terceira parte) de Jesus e de Maria.

O rosário de ave-marias deriva do rosário de pai-nossos. Este último foi introduzido, provavelmente, por S. Bento; monges pouco letrados, que não conseguiam recitar os 150 salmos em latim, rezavam em substituição 150 pai-nossos. Para facilitar a contagem, se usavam grãos enfiados em um cordão. No século X e XI era comum os fiéis terem em suas mãos rosários de pai-nossos. Foi por volta de 1150 que começaram a aparecer os rosários de ave-marias, tornando-se logo muito populares. Os dominicanos, particularmente no século XV com Alano de La Roche que por todas as partes criou as confrarias do santíssimo rosário, se tornaram os principais apóstolos desta devoção. Segundo a lenda, S. Domingos tivera uma visão da Virgem, pedindo-lhe a difusão do rosário. A implantação definitiva se deu com o Papa Pio V. A 7 de outubro de 1571 a frota otomana foi

---

8. Cf. "Willam, F.M. *Storia del rosário*. Roma (Orbis catholicus), 1951; Andrianopoli, L. Il rosário, em *Enciclopedia mariana Theotokos*. Gênova-Milão, 1959, 434-442; Kirfel, W. *Der Rosenkranz. Ursprung und Ausbreitung*. Wallsdorf, 1949; Schillebeeckx. *Maria, Mãe da Redenção*. Petrópolis, 1968, 113-118: a oração do rosário; Klein A. A oração do rosário, em *O culto a Maria hoje* (vários autores). Paulinas, S. Paulo, 1980, 266-273.

derrotada pelos cristãos. Esta vitória sobre o islamismo foi atribuída pelo Papa à recitação do rosário. Os papas posteriores como Leão XIII, Pio X e Pio XI estimularam enormemente a devoção, confirmada mais e mais pelas aparições da Virgem em Lourdes e Fátima, trazendo em suas mãos um rosário pendente.

A estrutura da ave-maria é muito elucidativa de toda verdadeira oração cristã. O primeiro impulso arranca para o céu em hino de louvor: canta a gesta de Deus feita em Maria. Embora a referência seja mariana, o centro, entretanto, é ocupado por Deus, autor das maravilhas operadas na bendita entre todas as mulheres. A atitude é desinteressada como o é todo verdadeiro louvor e ação de graças.

A segunda parte toma em conta a tragédia humana onde há pecado e morte. Pedimos socorro. É a consciência de nossa fragilidade e incapacidade salvífica. Nisso tudo não vai nenhuma amargura ou ressentimento; a situação decadente é assumida à luz de Deus e de Maria; entregamo-nos, confiados, porque pudemos antes louvar e agradecer. O Deus que tão eficazmente agiu em Maria, como não iria ter misericórdia de seus filhos pecadores e condenados à morte? Por isso terminamos com um firme e consolador amém.

III
Ave, Maria: alegra-te, bem-amada de Deus!

As criaturas, condenadas a envelhecer,
Foram rejuvenescidas através de Maria.

Jaime de Sarug, bispo inglês de 421-451

Antes de abordarmos o conteúdo da saudação angélica – Ave Maria – é importante procedermos a um esclarecimento metodológico. Fundamentalmente existem duas maneiras de interpretarmos os textos sagrados das Escrituras cristãs. A primeira consiste em tomarmos as passagens em seu teor exegético-crítico; a segunda em seu conteúdo teológico-espiritual. A leitura exegético-crítica privilegia o sentido literal das palavras empregadas pelos autores sagrados. Os termos são compreendidos dentro do sentido que possuíam na cultura por ocasião da elaboração dos respectivos livros. Assim, por exemplo, se entende a saudação do anjo Gabriel à virgem Maria – ave – no sentido da saudação matutina entre os gregos; nisso não há nada de especial; o mensageiro do céu utiliza uma fórmula de saudação empregada por qualquer cidadão de língua grega.

Este método produziu seus bons frutos, revelando-nos a face humana da Palavra de Deus. Entretanto representa uma abordagem profana; o mesmo método é aplicado a qualquer outro texto antigo ou moderno, seja de historiadores ou filósofos gregos seja de literatos modernos. Onde está o caráter religioso e teológico deste método? Abordam-se os textos sagrados simplesmente como textos e não como sagrados. Neste tipo de leitura não aflora a face divina da Palavra de Deus[1]. Até um homem sem fé poderia proceder a semelhante interpretação das Escrituras.

A leitura teológico-espiritual dos textos bíblicos pressupõe a fé segundo a qual sabemos que as Escrituras são sagradas porque contêm a revelação de Deus, comunicando-nos seu desígnio último acerca do homem, da história e do mundo. As palavras estão a serviço de um conteúdo que é mais do que aquele fixado pela cultura ambiente. Além de seu sentido literal (que importa sempre captar), existe um sentido teológico. Assim a saudação angélica – ave – possui uma densidade de sentido maior do que aquela que um cidadão coloca quando saúda outro cidadão. A virgem Maria é certamente uma cidadã, mas ao mesmo tempo é aquela única sobre a qual repousou o olhar misericordioso de Deus para fazê-la sua mãe. Nela se cumpre o projeto terminal do feminino: poder acolher plenamente o Divino e prestar-se ao desígnio de autocomunicação do Espírito Santo. A história encontra nela uma culminação insuperável. A saudação do "ave" não pode ser corriqueira. O sentido literal e comum conquista ressonâncias inimagináveis que devem poder ser ouvidas pelo fiel. A leitura exegético-crítica é enriquecida com a interpretação teológico-espiritual.

Não se trata, portanto, de colocar uma falsa alternativa: ou uma ou a outra. Importa articular uma com a outra. O sentido literal abre a porta para um sentido teológico que traduz a novidade da irrupção de Deus em nossa história. Tentaremos aplicar este método ao tema vertente.

---

1. Para toda esta questão ver Boff, C. *Sinais dos tempos. Pautas de leitura.* São Paulo, 1979, 11-12; Mesters, C. *Por trás das palavras.* Petrópolis, 1975, 20-26: 223-231.

1. Ave! Alegra-te!

O termo grego para ave, usado por Lucas (1,28), é "chaire"[2]. Como já acenamos anteriormente, é a saudação grega (cf. Mc 15,18; Mt 27,29; Jo 19,3) que corresponde ao "salamalek" dos árabes atuais ou ao "shalom lak" dos hebreus, podendo-se traduzir assim: Salve, a paz esteja contigo![3] Existe uma conotação de alegria na palavra "chaire", porque em grego alegria é "chára" que tem a mesma raiz que "cháris", graça. A alegria (chára) brota da manifestação da

---

2. Veja a literatura específica sobre o "chaire"-ave: Lyonnet, S. "Chaire kecharitoméne", em *Biblica* 20 (1939) 131-141; Id. "Le récit de l'Annonciation et la Maternité divine de la Sainte Vierge", em *L'Ami du Clergé* 66 (1956) 33-46 esp. 39-41; Laurentin, R. *Structure et théologie de Luc I-II.* Paris, 1957, 64-68; Audet, J.P. "L'annonce à Marie", em *Revue Biblique* 63 (1956) 346-374, esp. 357-358; Benoit, P. "L'annonciation", em *Exegese et Théologie* II. Paris, 1968, 197-215; Strobel, A. Der Gruss an Maria (Lc 1,28): eine philologische Betrachtung zu seinem Sinngehalt, em *Zeitschrift zur neutestamentlichen Wissenschaft* 53 (1962) 86-110 e os mais recentes comentários: Schürmann, H. Das *Lukasevangelium* (Herders theologischer Kommentar zum Neuen Testament). Friburgo, 1969, 43-44; Ernst, J. *Das Evangelium nach Lukas* (Regensburger Neues Testament). Regensburg, 1977, 68-69; Marshall, Howard I. *The Gospel of Luke* (The New International Greek Testament Commentary). Exeter, 1978, 63-64; Brown, R. & Reumann, J. *Mary in the New Testament.* Filadélfia, 1978, 126-134, com críticas à posição de Lyonnet, p. 131-132.

3. Ave, em latim, parece ter sido um empréstimo do cartaginês *hawa* que significa "viva"! do verbo *hawah*, viver ou também desejar. Os latinos usavam também "have" como saudação. Em latim antigo *avere* (verbo defectivo somente usado no imperativo: ave, aveto) significava prosperar, ter boa saúde, gozar de boa saúde. Daí também que podia significar "gaudere", alegrar-se, o que se adapta perfeitamente ao sentido modernamente dado a "chaire", alegra-te. A saudação comum latina é "salve" que vem do verbo "salvere" (salvus esse) significando ter boa saúde, sentir-se bem; o sentido seria: "tenha boa saúde; passe bem"! Para tudo isto veja Ernout. *Dictionnaire étymologique de la langue latine* e também o *Thesaurus linguae latinae*, vol. II, verbetes ave, aveo.

graça (cháris). Muitos exegetas estimam que o ave dito pelo anjo a Maria não passa de uma mera saudação, evidentemente, cheia de deferências[4], dado o caráter excepcional das circunstâncias. Outros[5] opinam que não se trata, propriamente, de uma saudação, mas de um imperativo, convidando para a alegria. A tradução correta do ave seria então: Alegra-te, Maria! E este sentido se impõe pelo contexto de toda a perícope da anunciação (Lc 1,26-38) que está calcada sobre três profecias do Antigo Testamento, de Sofonias (3,14-17), de Joel (2,21-27) e de Zacarias (9,9)[6]. O anúncio do anjo faz eco a estas três profecias antigas, cujo conteúdo

---

4. Sabemos pelas tradições rabínicas que "jamais se deve saudar uma mulher" (Qid 70a); veja para isso Ernst, J. *Das Evangelium nach Lukas*, op. cit., 68.

5. Quem se notabilizou por este tipo de exegese foi Lyonnet, Laurentin e Audet, autores acima referidos.

6. É o seguinte o texto dos profetas: Sofonias 3,14-17: "Alegra-te (chaire), filha de Sião! Solta gritos de alegria, ó Israel! Alegra-te e rejubila-te de todo o coração, filha de Jerusalém. O Senhor revogou a sentença pronunciada contra ti, afastou de ti os teus inimigos. O rei de Israel, que é o Senhor, está no meio de ti; não temerás mais a desgraça. Naquele dia, dir-se-á a Jerusalém: não temas, Sião! Não se enfraqueçam os teus braços, porque o Senhor, teu Deus, está no meio de ti, como poderoso salvador". Joel 2,21-27: "Não temas, terra, alegra-te (chaire), porque o Senhor fez maravilhas (palavras do Magnificat de Maria)... Alegrai-vos (chairete), filhos de Sião, e rejubilai no Senhor, vosso Deus... Sabereis então que estou no meio de Israel, que sou o Senhor, vosso Deus e que não há outro". Zacarias (9,9-10): "Alegra-te (chaire), filha de Sião, enche-te de júbilo, ó filha de Jerusalém... Eis que o teu rei vem a ti, justo e salvador". O texto da anunciação da virgem Maria é calcado sobre tais profecias; era gênero literário vigente no tempo do Novo Testamento contar um fato do presente (o fato da anunciação do anjo Gabriel a Maria) à luz de um fato antigo, usando os mesmos termos para assinalar a correspondência dos fatos a fim de melhor mostrar o desígnio de Deus que conhece antecipações, preparações e por fim a plena realização dentro da história.

é: "Alegra-te, filha de Sião (Israel), porque Javé, teu rei, Javé, teu Deus, está em teu meio"! As profecias querem proclamar a alegria messiânica. E nas três vezes o fazem, usando a expressão "chaire", que S. Jerônimo verteu para o latim por "ave".

O ave parece uma palavrinha insignificante; na verdade, esconde a suprema manifestação da alegria. Desde sempre a humanidade aguardava a eclosão daquela que iria realizar plenamente o feminino em Deus. Agora, qual flor que se abre totalmente ao sol, aparece Maria, a nova Eva, habitada pela vida cuja fonte e plenitude se encontra no Espírito.

Por séculos a humanidade suspirou pelo libertador; secretamente todos os corações latejavam por aquele que, finalmente, devolveria a paz a este mundo; os sonhos mais ancestrais e as esperanças mais fundas apontavam para esta direção. E eis que, agora, emerge, definitivamente, o Messias. A alegria é incontida e transbordante. O mensageiro de Deus convida a Maria para associar-se a este acontecimento de inaudita novidade e surpresa. Em vez de dizermos simplesmente ave, deveríamos proclamar: Laetare! Alegra-te!

Toda a alegria verdadeira radica em motivos de alegria. Ninguém é alegre bobamente. Maria é convidada a alegrar-se por dois motivos. Primeiro, porque "encontraste graça diante de Deus" (Lc 1,30); o anjo revela que ela é "cheia de graça" (Lc 1,27). E Maria é cheia de graça porque a graça de Deus que significa o Espírito Santo "veio sobre ela e a cobriu com sua sombra" (Lc 1,35). Maria se faz o templo vivo do Espírito; nela Ele possui uma presença real e pessoal única; nela Ele atua de forma tão profunda que eleva sua capacidade maternal à altura de ser verdadeiramente a mãe de Deus[7]. Segundo, porque "o Senhor está contigo" (Lc 1,28), vale dizer, o Santo gerado de Maria é o Filho de Deus, Jesus Cristo (Lc 1,35). Dentro de Maria começa a crescer o fruto do Espírito Santo ("ficou grávida do Espírito Santo": Mt 1,18) que é o Deus conosco, o Verbo encarnado.

Portanto, a alegria messiânica tem sobradas razões para o transbordamento porque em Maria se fazem presentes duas divinas Pessoas, o Espírito Santo e o Filho unigênito.

Esta sublime realidade se encontra acenada e pronunciada nas profecias de Sofonias, Joel e Zacarias. A filha de Sião à qual se referiam os textos antigos é, na verdade, Maria. Nela se densificam não apenas as esperanças de todo Israel (representado pela filha de Sião), mas também de toda a humanidade expectante (Israel representando todas as nações). Javé que viria, segundo estas profecias, residir no meio de Sião como rei (Sf 3,15; Zc 9,9) ou como salvador (Sf 3,17; Zc 9,9), de fato, se chama Espírito Santo e Filho eterno. Destarte a história chega a sua plenitude; ela, efetivamente, está grávida de Deus; carrega em seu seio as Pessoas divinas da Trindade; o céu inteiro desceu à terra. Maria é o lugar onde tudo se encontra reunido. No momento da anunciação, a história toda da humanidade se recolheu num ponto decisivo, em Maria. Tudo pende de seu *fiat*, de sua aceitação e do serviço que presta a Deus em sua vontade encarnatória e aos homens em sua busca de redenção. Como não alegrar-se diante da gesta salvadora de Deus tão surpreendente e plenificante?

---

7. Cf. Manteau-Bonamy, H.-M. *La Sainte Vierge et le Saint-Esprit*. Paris, 1971; Boff, L. *O rosto materno de Deus*. Petrópolis, 1979, 106-117.

Toda a imensidão do oceano se esconde nesta gota de água: todo o mistério se revela nesta minúscula palavra: ave!

2. Maria: a bem-amada de Deus

Geralmente os nomes são arbitrários; seu significado etimológico pouco ou nada tem a ver com as pessoas que os levam. Entretanto para o homem antigo não era assim. Os nomes possuíam uma mística[8]; pensava-se que eles traziam às pessoas as qualidades significadas ou encerravam o destino da pessoa, o sentido de sua missão por este mundo. Por isso a escolha do nome era objeto de discussões em família, de muito cuidado e reflexão. Às vezes a imposição do nome constituía uma revelação do céu. É assim que os evangelhos pintam as cenas da escolha do nome de João, o Batista (Lc 1,13.59), e de Jesus (Mt 1,25; Lc 1,35; 2,21). Nada sabemos se assim foi com o nome de Maria. Entretanto, o significado etimológico mais coerente e aceito se coaduna de forma maravilhosa com o significado histórico-salvífico da pessoa de Maria[9]. Parece, com efeito, que o próprio nome já encerra, como uma promessa, tudo aquilo que Maria iria histori-

---

8. Cf. Key, A.F. "The Giving of Proper Names in the O.T.," em *Journal of Biblical Literature* 83 (1964) 55-59; Heiler, J. "Namengebung und Namendeutung. Grundzüge der alttestamentlichen Onomatologie", em *Evangelische Theologie* 27 (1967) 255-266.

9. Veja a melhor bibliografia: Vogt, E. "O nome de Maria à luz de recentes descobertas arqueológicas", em *Revista Eclesiástica Brasileira* I (1941) 473-481; Lagrange, M.-J. *Evangile selon Saint Luc.* Paris, 1918, 27-28 (o mais minucioso de todos); Roschini, O. *La vita di Maria.* Roma, 1947, 55-60; Stamm, J.J., "Hebräische Frauennamen", em *Festschrift Baumgartner.* Leiden, 1967, 301-339.

camente traduzir e mostrar: ser a amada por excelência de Deus. Este é o significado que grande número de estudiosos confere ao nome Maria, Maryám ou Miryám[10].

Maria é um nome composto de duas raízes, uma egípcia e outra hebraica. Myr em egípcio significa a amada e yam em hebraico constitui uma das abreviações de Javé (ya ou yam). Maria ou Miryám quer dizer, então, a amada de Javé, a bem-amada de Deus. Esta derivação filológica possui grande probabilidade histórica, porque o primeiro nome conhecido de Maria é o da irmã de Moisés e de Aarão que eram egípcios (Ex 15,20). Moisés e Aarão são igualmente nomes egípcios; de Aarão não sabemos o significado; de Moisés, como o próprio relato bíblico o diz (Ex 1,10), significa "o libertado das águas", nome que a filha do faraó lhe impôs por tê-lo salvo das águas do Nilo. A irmã de ambos se chama Maria, nome certamente também egípcio. Sabemos que era frequente o costume egípcio de compor os nomes: começavam com "myr" ou "meri" (amado, amada) e terminavam com a designação de algum deus (Ra, Amon etc.). Provavelmente os judeus, seguindo este costume, deram o nome de Maria à irmã dos dois próceres da libertação do Egito, tendo o cuidado de colocar uma terminação da divindade hebraica que era Javé (Yam, Ya). Repetindo, Maria significa, então, a amada de Javé.

Para Maria vale o adágio dos antigos latinos: "Nomen est omen", quer dizer, "o nome é o verdadeiro sinal da coisa". Em outros termos: O próprio nome Maria já é indicati-

---

10. A diferença entre Maryám e Miryám é apenas fonética e se encontra também em outros nomes como Samson ou Simson; Balaam ou Bileam; Magdala ou Migdal; Maria é adaptação grega da palavra hebraica Maryám.

vo da destinação única de Maria, a de ser eternamente a bem-amada de Deus[11], aquela eleita para ser o receptáculo do Espírito Santo e do Filho eterno, concebido em seu seio. Este privilégio não visa apequenar as demais mulheres da história. Deus-Pai quer mostrar em Maria, já dentro da história, aquilo que preparou para todas as mulheres à semelhança de Maria. O feminino da criação é elevado à dimensão de Deus; Deus mesmo mostra por Maria e em Maria, a bem-amada, seu rosto feminino, virginal e materno.

Há muitas outras etimologias[12], a grande maioria fruto da piedade e devoção marianas, cujo grau de convencimento é bem menor. Referiremos apenas algumas.

Uma etimologia que possui certa probabilidade se firmou a partir das descobertas de Ras Shamra, na Síria, de 1929-1932. Aí se desenterrou a antiga cidade de Ugarit com uma enorme quantidade de tijolinhos com inscrições cuneiformes. Muitas vezes ocorre a palavra "mrym" para designar uma montanha que ainda hoje se eleva a 1.700 metros acima do mar (Djebel Aqra). A transcrição da palavra ugarítica "mrym" que significa altura ou a excelsa, a sublime, a exaltada para o hebraico pode resultar em "maryám", pois as consoantes são perfeitamente idênticas. Sabe-se que em hebraico altura se traduz por "marôm". Esta palavra possui uma conotação de importância e solenidade; Deus habita no alto (Is 33,5), é o "Deus da altura" (Mq 6,6) e habita a santa "altura" de Sião (cf. Jr 31,12; Sl 101,20). Se-

---

11. Veja as belas e poéticas reflexões de Roschini, em *La vita di Maria*, op. cit., 59-60.

12. Bardenhewer, O. *Der Name Maria*. Geschichte der Deutung desselben. Freiburg, 1895, indica cerca de 60 interpretações diversas do nome de Maria.

gundo a índole própria do hebraico, da palavra marôm se pode derivar maryám. Ademais, os hebreus poderiam ter tido contacto com os habitantes de Ugarit, porque o seu ocaso no século XIII ou XII a.C. coincide aproximadamente com o êxodo israelita do Egito.

Aceita a plausibilidade desta interpretação, Maria significaria então "a sublime, a exaltada, a excelsa" à semelhança da montanha santa e imponente dos habitantes de Ugarit. Tal sentido traduziria perfeitamente a real função que Maria efetivamente desempenhou na história da revelação de Deus e em nossa salvação[13].

Outras interpretações se prendem à divisão que se pode fazer da palavra Miryám, Maryám. Mar em hebraico significa amargo; mir quer dizer iluminador; yam é palavra para mar. A combinação mar-yam resulta no seguinte sentido: mar de amargura. O nome Maria apontaria para o aspecto corredentor de Maria, tema muito presente na piedade católica; ela participou da paixão de Jesus; é com razão venerada como a Mater dolorosa, a mãe com o coração transpassado por sete espadas. Aceitando-se a derivação de mir, segue que Miryám significa então a iluminadora, aque-

---

13. Esta interpretação é ardorosamente defendida pelo brasileiro Ernesto Vogt, O nome de Maria à luz de recentes descobertas arqueológicas, op. cit., 480: "Nenhuma outra derivação, do ponto de vista gramatical, nem de longe é tão natural como esta, e de nenhuma resulta um significado que esteja tão excelentemente em harmonia com as leis de formação de nomes próprios. Rejeitada esta interpretação não resta outra solidamente provável". A primeira, de procedência egípcia, foi apresentada com uma argumentação detalhada por Zorell, F. "Maria soror Moisis et Maria, Mater Dei", em Verbum Domini 6 (1926) 257-263.

la que faz ver o desígnio de Deus. O *am* seria uma mera desinência formativa.

Outros derivam Maria de *mary* que significa gorda. Uma mulher gorda para os semitas constituía o símbolo da beleza. Então Maria seria simplesmente a bela. Tentou-se deduzir Maria de *mery* que quer dizer rebelião. Maria seria a mulher profética do Magnificat que proclama a rebelião divina, invertendo os papéis sociais: derrubar os poderosos e exaltar os humildes, encher de bens os famintos e aos ricos despedir de mãos vazias (Lc 1,52-53).

Por fim houve quem derivasse Maria de *mar* ou *mary* que significa senhor e em siríaco, como lembra ainda S. Jerônimo, senhora. Maria seria, por conseguinte, a Nossa Senhora por excelência, aquela mulher na qual melhor se realiza o desígnio divino acerca do feminino.

Todas estas últimas explicações etimológicas foram abandonadas, por insuficiência de sentido filológico, permanecendo apenas as duas primeiras de derivação egípcia ou ugarítica, como as mais plausíveis. De todas as formas, as várias explicações estavam a serviço da piedade que procurou discernir um sentido secreto no nome daquela pessoa que tão decisivo lugar ocupa no nosso peregrinar para Deus.

IV
Cheia de graça, a contemplada: o verdadeiro nome de Maria

Sentimos horror em dizer
Que esta figura feminina,
Destinada a esmagar um dia
A cabeça da serpente,
Fosse vencida pela serpente
E que, Mãe de Deus,
Tivesse sido, alguma vez,
Filha do demônio.

Dionísio, monge († 1471)

As palavras já analisadas – ave e Maria, alegra-te, bem-amada de Deus – nos abrem a perspectiva para entendermos a palavra mais importante de toda a oração angélica. A palavra decisiva, profética, carregada de promessas e de mistérios, é esta: *kecharitoméne*[1], cheia de graça (Lc 1,28). Para en-

---

1. Veja a principal bibliografia sobre Lc 1,28: Laurentin, R. *Structure et théologie de Luc I-II*. Paris, 1957, 34-35, 47, 148; Lyonnet, S. "Chaire, kecharitoméne", em *Biblica* 20 (1939) 131-141; Id. "Le récit de l'Annonciation et la Maternitè Divine de la Sainte Vierge", em *L'Ami du clergé* 66 (1956) 33-46; Fantini, J. "Kecharitoméne (Lc 1,28). Interpretación filológica", em *Salmanticenses* l (1954) 760-763; De Tuya, M. "Valoración exegético-teológica del Ave gratia plena (Lc 1,28)", em *La Cien-*

tendermos de modo aprofundado esta expressão – kecharitoméne – traduzida por S. Jerônimo como *gratia plena*, cheia de graça, precisamos fazer uma consideração de ordem filológico-exegética e outra de ordem teológica. Comecemos por esta teológica.

1. Maria associada ao Espírito Santo

Geralmente a teologia e a piedade têm associado fortemente Maria a Jesus. Ambos estão unidos no mesmo destino e na mesma função salvífica. Há boas razões, seja bíblicas seja teológicas, para isso; por causa disto Maria é venerada como corredentora, medianeira de todas as graças, rainha universal. A razão primordial de toda sua dignidade reside no fato de ser a mãe do Messias, a mãe de Deus. Este cristocentrismo na mariologia deve ser enriquecido a partir de outro polo fundamental do mistério cristão: a presença e a missão do Espírito Santo. Já consideramos que o caminho da revelação do mistério absoluto (Pai) se fez por duas direções (envios histórico-salvíficos): aquela do Filho eterno e aquela do Espírito Santo. Eles nos comunicam o que é cog-

---

cia Tomista 83 (1956) 3-27; Audet, J.-P. "L'Annonce à Marie", em *Revue Biblique* 58 (1956) 346-374; Cambe, M. "La charis chez Saint Luc. Remarques sur quelques textes, notamment le kecharitoméne", em *Revue Biblique* 70 (1963) 193-207; Bourassa, F. "Kecharitoméne (Lc 1,28)", em *Sciences Ecclésiastiques* 9 (1957) 313-316; Cole, E.R. "What did St. Luke mean by kecharitoméne?", em *American Ecclesiastical Review* 139 (1958) 228-239; Strobel, A. "Der Gruss an Mar'a (Lc 1,28). Eine philologische Betrachtung zu seinem Sinngehalt", em *Zeitschrift zur Neutestamentlichen Wissenschaft* 53 (1962) 86-110; veja também os comentários recentes: Schürmann, H. *Herders theologischer Kommentar zum Neuen Testament. Das Lukasevangelium*, Herder, 1969, 44-45; Howard Marshall, L. *The Gospel of Luke*. Exeter, 1978, 65; Brown, R. & Reumann, J. *Mary in the New Testament*, Filadélfia, 1978, 111-134.

noscível e amável do Pai. Ao mesmo tempo o Filho e o Espírito Santo constituem nosso caminho de regresso ao seio misterioso e aconchegante do Pai ou Mãe de infinita ternura. Não devemos perder de vista esta perspectiva de fundo, ao contemplarmos o mistério de Maria. Nela tanto o Filho quanto o Espírito Santo se encontram numa densidade de manifestação única. A tradição quase exclusivamente enfatizou a dimensão cristológica em Maria; hoje, mais e mais importa fortalecer a perspectiva pneumatológica[2].

O texto básico é este de Lc 1,35: "O Espírito Santo virá sobre ti e a virtude do Altíssimo te cobrirá de sua sombra". A grande maioria dos intérpretes lê este texto numa linha cristológica: a concepção de Jesus não se deve a um homem, mas ao Espírito Santo; passa quase despercebida a relação imediata e direta de Maria com o Espírito Santo, presente nesta frase. Nós a interpretamos numa direção pneumatológica. É aqui que reside o sentido secreto e último da expressão "cheia de graça". O Espírito Santo é enviado diretamente sobre Maria: "O Espírito Santo virá sobre ti" (Lc 1,35). É a primeira vez em toda a Escritura que se diz que ele desceu imediatamente sobre uma mulher. O Antigo Testamento conhece a unção do Espírito desde o seio de sua mãe: assim com Sansão (Jz 13,5), com Jeremias (1,5) ou o Servo (Is 49,1); o Novo Testamento diz de João Batista:

---

2. Para isso Boff, L. *O rosto materno de Deus*. Petrópolis, 1979, 106-117, com a farta bibliografia lá citada; veja ainda Salgado, J.-M. "Pneumatologie et mariologie: bilan actuel et orientations possibles", em *Divinitas* 15 (1971) 421-428; Richard, J. "Conçu du Saint-Esprit, né de la Vierge Marie", em *Eglise et Théologie* 10 (1979) 291-321; a melhor coletânea de estudos permanece ainda: *Le Saint-Esprit et Marie*, 3 vol. Bulletin de la Société Française d'Etudes Mariales de 1968, 1969, 1970.

"Ele será cheio do Espírito Santo desde o seio de sua mãe" (Lc 1,15); o próprio São Mateus relaciona Jesus diretamente com o Espírito Santo: "O que nela (Maria) foi gerado, é do Espírito Santo" (1,20). A novidade do texto lucano[3] reside no fato de o Espírito Santo repousar não sobre Jesus no seio de Maria, mas diretamente sobre Maria. É sobre ela que o Espírito Santo é enviado pelo Pai e pelo Filho. O Vaticano II diz com acerto: "Maria é como que plasmada pelo Espírito Santo e formada nova criatura" (LG 56/144). Para poder gerar o novíssimo Adão (cf. 1Cor 15,45) Jesus Cristo, Maria foi feita novíssima Eva. Para poder gerar o Filho de Deus, ela é feita divina. O texto lucano é explícito: "E é por isso que o Santo que nascer de ti será chamado filho de Deus" (Lc 1,35). Somente Deus pode gerar Deus. Maria é elevada a esta altura divina pelo Espírito Santo que tomou morada nela[4].

O texto de S. Lucas continua: "A virtude do Altíssimo te cobrirá com sua sombra" (Lc 1,35). Esta frase nos recorda imediatamente o Êxodo 40,34-35: "Então a nuvem cobriu a tenda da reunião e a glória do Senhor encheu o tabernáculo. Moisés já não podia entrar na tenda da reunião, porque a nuvem a cobria com sua sombra e a glória do Senhor enchia o tabernáculo". A nuvem representa a presença misteriosa de Deus no meio do povo. Cobrir com sua sombra (da nuvem) quer dizer fazer-se densamente presen-

---

3. Cf. Pikaza, X. "El Espiritu Santo y Maria en la obra de San Lucas", em *Ephemerides Mariologicae* 28 (1978) 151-168.

4. Nós defendemos a hipótese teológica (não é doutrina oficial da Igreja) de que existe uma relação ontológica entre a Pessoa divina do Espírito Santo e Maria de tal sorte que ela se torna realmente (sem eufemismo e metáfora) o templo do Espírito. Para a argumentação em detalhe veja Boff, L. *O rosto materno de Deus*, op. cit., esp. 106-117.

te. Agora vem o anjo e diz que o templo verdadeiro, cheio da presença de Deus, é Maria[5]. Ela é constituída em santuário, num Santo dos Santos vivo. O Vaticano II diz com precisão que ela é "o sacrário do Espírito Santo" (LG 53/141). A filha de Sião, morada de Deus, da qual falavam tanto as profecias antigas (cf. Sf 3,14-17), é Maria[6]. Ela foi contemplada, desde toda a eternidade, para ser o templo do Espírito Santo. Nela o Espírito se pneumatificou, vale dizer, assumiu forma humana; Ele armou sua tenda (shekina) entre nós na pessoa de Maria, à semelhança do Filho que também armou sua tenda entre nós na figura de Jesus de Nazaré (Jo 1,18).

Em Maria se realizam duas missões divinas: a do Espírito Santo que desce sobre ela e a do Filho que começa a existir encarnado em seu seio. Num momento da história, na Anunciação, ela, de repente, se faz o centro do desígnio de Deus e o ápice jamais ultrapassado da ascensão humana rumo à divinização. O feminino por Maria celebra, pela primeira vez, os esponsais com a divindade. Ele chega assim à absoluta realização. O mistério de Deus revela traços femininos, o feminino descobre-se habitado por Deus, pelo Espírito Santo.

2. Cheia de graça: a contemplada

Agora nos capacitamos a entender a saudação do anjo a Maria: "Alegra-te, cheia de graça! O Senhor é contigo"

---

5. Quem defende ardorosamente esta ideia é Lyonnet, S. *Le récit de l'Annonciation*, op. cit. (nota 1), esp. 44-46; veja também Laurentin, R. *Structure*, op. cit., 148-161; Richard, J. *Conçu du Saint-Esprit*, op. cit., 315-316.

6. Cf. Deiss, L. *Marie, Filie de Sion*. Paris, 1958, 83-89; Laurentin, R. *Structure*, op. cit., 64-68, 148-161.

(Lc 1,28). Observemos que o anjo Gabriel não usa o nome Maria; ele substitui o nome Maria pelo verdadeiro nome que ela possui no desígnio de Deus: aquele de ser a contemplada a tornar-se o templo do Espírito Santo. O termo grego é *kecharitoméne* que bem traduzido significa: a gratificada, a privilegiada, a contemplada, aquela que foi feita objeto do amor de Deus[7]. São Jerônimo na Vulgata traduziu por *cheia de graça* (gratia plena); esta tradução é correta, mas insuficiente; deixa escapar o sentido mais profundo do mistério de Maria. Pela expressão "cheia de graça" nossa atenção é atirada sobre a graça interior e plena de Maria; contemplamos o fato inaudito de Maria ser já habitada pelo Espírito Santo. Enfatizamos o efeito, exaltamos a grandeza de Maria. Esta perspectiva é correta; mas não é a primeira nem a mais fundamental.

A primeira e mais fundamental é a iniciativa do Espírito Santo. Ele, em seu libérrimo e transbordante amor, sai de si, vai ao encontro de Maria e desce sobre ela (Lc 1,35). Maria faz-se, então, objeto do amor do Espírito Santo. Ela é contemplada para ser o seu santuário. Desde toda a eternidade foi eleita e privilegiada para poder acolher dentro de si a total autocomunicação do Espírito Santo. Deus a pensou e a quis, desde sempre, para ser o cálice completamente aberto para acolher o divino conteúdo, a Terceira Pessoa da SS. Trindade. Maria está na atitude de quem espera, se dispõe e acolhe a irrupção divina. Porque o Espírito veio sobre ela,

---

7. Cf. Cambe, M. "La charis chez Saint Luc", op. cit., 203: "Objeto da graça (ou do favor)"; Laurentin, R. *Structure*, op. cit., 148: "tu que és e permaneces munida da graça"; a Bíblia de Jerusalém em nota traduz da seguinte forma: "tu que foste e permaneceste munida de graças"; Audet, J.-P. "L'annonce à Maria", op. cit., 360, sugere chamá-la de "privilegiada".

ela é então cheia de graça. A plenitude da graça é consequência da presença do Espírito Santo. Espírito Santo e graça são, para a Bíblia, realidades intercambiáveis (cf. At 10,38; 6,8). Por isso dizer "cheia de graça" ou dizer "cheia do Espírito Santo" são sinônimos.

Este sentido de *kecharitoméne* como contemplada e feita objeto do amor do Espírito Santo é expresso pela palavra grega. O verbo é *charitóo* que quer dizer: infundir graça divina, munir de favores divinos. Na origem está a palavra *charis* que significa graça, amor, bondade, beleza, simpatia, favor, charme. *Kecharitoméne* é perfeito passivo de charitóo. O perfeito quer expressar um estado permanente que resulta de uma ação já realizada. O passivo indica que Maria foi o objeto da ação do Espírito; ela recebeu a comunicação do Espírito Santo e de agora em diante é possessão dele de forma habitual e permanente[8]. As traduções africanas (anteriores a S. Jerônimo) traduziram bem *kecharitoméne* por gratificada[9]. Nós preferimos a palavra *contemplada* por uma razão bem precisa. A tradição da Igreja, baseada nos textos bíblicos, vê Maria como templo do Espírito Santo[10]. Ora a palavra contemplar vem, etimologicamente, de templo. Ma-

---

8. Cf. Fantini, J. "Kecharitoméne", op. cit., 702: "em possessão da graça divina em forma pessoal"; Zorell, Fr. *Novi Testamenti Lexicon Graecum* traduz por "Dei benevolum amorem experta".

9. No Codex Palatinus(e) da tradução africana se encontra a seguinte tradução: "abe(ave) gratificata"; igualmente no codex q; cf. Leal, J. "El saludo dei Angel a la Virgen (Lc 1,28)", em *Cultura Bíblica* 11 (1954) 293-301, aqui 296.

10. Para isso veja-se em Manteau-Bonamy, H.-M. *La Sainte Vierge et le Saint-Esprit*. Paris, 1971 e Bonaño, M.G. "El Espiritu Santo y Maria en el Vaticano II", em *Ephemerides Mariologicae* 28 (1978) 201-203.

ria foi então contemplada pelo Espírito Santo para ser o seu templo. Este é o verdadeiro nome de Maria. Como Gedeão recebe um novo nome, "valente herói", anunciado pelo anjo de Javé, como Simão é cognominado de Pedro para designar sua vocação de fundamento da Igreja, assim Maria recebe do anjo a revelação de seu nome próprio[11] que define sua vocação eterna: *a contemplada* para ser templo do Espírito Santo. O Espírito a amou primeiro; o Espírito mora nela como em seu templo; somente agora podemos venerá-la como a cheia de graça, a repleta do Espírito Santo. O sentido da anunciação é, pois, este: "Alegra-te, porque foste contemplada a ser o templo do Espírito Santo"! Nada mais se necessita dizer. Tudo se resume numa palavra, *contemplada*. Maria é feita a personificação do Espírito Santo[12].

3. O Senhor é convosco

Esta palavra angélica reforça a afirmação anterior. Muitas vezes no AT a presença ativa e eficaz de Deus é expressa pelo Espírito Santo (cf. Ag 2,4-5)[13]. A expressão "o Senhor esteja contigo" (cf. Gn 21,22; 26,3; 24,28; 31,3; Ex 3,12; 18,19; Dt 20,1; 31,8-23; Js 1,5.9; 3,7; Jz 6,12; Rt 2,4) geral-

---

11. Audet, J.-P. "L'annonce à Marie", op. cit., traçou o paralelo entre o anúncio do anjo a Gedeão e o anúncio do anjo a Maria: 358-360.

12. Veja formulações semelhantes: Lyonnet, S. "Le récit de l'Annonciation", op. cit., 41: "Maria é como este favor divino personificado"; Cambe, M. "La charis", op. cit., 205: "a expressão pessoal e a personificação do favor divino". O Apocalipse (21,2-3) nos apresenta também uma mulher qual "templo (skené = tenda) de Deus entre os homens".

13. Van Unnik, W. "Dominus vobiscum: the Background of Liturgical Formula", em *New Testament Essays*. Manchester, 1959, 270-305.

mente vem num contexto de aliança[14]; pela aliança com o povo, Deus quer firmar uma presença permanente e dar a garantia de estar ininterruptamente ao lado dele. Trata-se sempre de algo especialíssimo como demonstração de predileção e amparo. O uso de "Senhor" não quer significar o momento da concepção de Jesus[15]; "Senhor" (Adonai) substitui o nome de Deus (Javé, traduzido pela Septuaginta por Kyrios e pela Vulgata por Dominus), raramente pronunciado pelos judeus em sinal de respeito. O sentido literal é, portanto, "Deus esteja contigo". Agora pelo anjo, entretanto, sabemos que Deus neste contexto possui um nome próprio: é o Espírito Santo.

Ele estabeleceu uma aliança permanente com Maria[16]; por isso ela é chamada também de "arca da aliança" viva e verdadeira[17]. O Espírito encontra em Maria uma morada definitiva; não é como nos profetas que são possuídos pelo Espírito por momentos a fim de executarem uma determinada missão. Agora Ele possui uma presença e atuação constante e contínua: junto com o Filho diviniza a criação; a

---

14. Schürmann, H. Das *Lukasevangelium*, op. cit., 45; para um tratamento minucioso de todas as passagens: Holzmeister, P. "Dominus tecum", em *Verbum Domini* 8 (1928) 363-369; 23 (1943) 232-237, 257-262; Maeso, D.G. "Exégesis linguística del Avemaria", em *Cultura Bíblica* 11 (1954) 302-319, aqui 309-310.

15. Howard Marshall, I. *The Gospel of Luke*, op. cit., 65.

16. Esta é uma tese defendida por Voss, G. *Die Christologie der lukanischen Schriften in Grundzügen*. Paris-Brügge, 1965, 65.

17. Para toda esta temática da analogia entre a arca do Senhor e Maria, Mãe do Senhor, veja-se a minuciosa exegese das passagens especialmente de 2Sm 6,9-11 com Lc 1,43.56 em Laurentin, R. *Breve Tratado de Teologia Mariana*. Petrópolis, 1965 33, nota 10, ou Id. *Structure et Théologie de Luc 1-2*. Paris, 1957, 43-116.

partir de Maria irradiará sobre a Igreja e sobre toda a história. Há, entretanto, um centro onde Ele é tudo em tudo: na vida da beatíssima virgem Maria. O anjo tem, decisivamente, motivos para a convocação à alegria: o Espírito mora definitivamente conosco mediante seu templo que é Maria.

V
Bendita sois vós entre as mulheres

> Vejo-te amorosamente representada
> Em mil imagens, ó Maria.
> Mas nenhuma delas é capaz de representar-te
> Como minha alma te vê.
>
> Novalis, poeta alemão

Maria, habitada pelo Espírito Santo e carregando em seu seio o Filho encarnado, se apressa em visitar sua prima Isabel. Esta, mal ouviu a saudação de Maria, estremeceu-lhe a criança em seu seio; por um momento, cheia do Espírito Santo, como que se dá conta do Espírito em Maria e exclama em voz alta: "Bendita és tu entre as mulheres e bendito o fruto de teu ventre" (Lc 1,42)! Esta saudação atina com a verdade de Maria; verdadeiramente, templo vivo do Espírito Santo e portadora do Filho encarnado, é a bendita entre todas as mulheres. Somente o Espírito revela os mistérios do Espírito. É o que ocorreu com o louvor de Isabel a Maria. Aprofundemos este louvor em nível exegético[1] e sistemático.

---

1. Para a exegese dos textos remetemos aos comentários mais recentes e completos: Schürmann, H. *Das Lukasevangelium* (Herders theologischer Kommentar III/I). Herder, 1969, 67-69; Howard Marshall, I. *The Gospel of Luke*. Exeter, 1978, 81; Laurentin, R. *Structure et théologie de Luc I-II*. Paris 1957, 81-82; Brown, R. & Reumann, J. *Mary in the new Testament*. Filadélfia, 1978, 134-137.

1. A mais abençoada das mulheres

Bendizer (em hebraico "barak", em grego "eulogein" e em latim "benedicere") é um dos termos mais recorrentes das Escrituras[2]. Fundamentalmente significa dar graças, louvar com palavras, elogiar, congratular-se, celebrar. Bendita (barukáh, baruk) quer dizer: Tu és objeto de congratulações, de elogios e louvações, tu és motivo de dar graças a Deus porque foste contemplada (kecharitoméne) a te tornares o templo vivo do Espírito Santo e a te fazeres mãe do Messias. Israel se congratula efusivamente com Maria por ter sido escolhida para desempenhar este serviço salvífico ao Espírito e ao Verbo.

Importa, porém, compreender bem o sentido deste particípio passivo (bendita) do verbo bendizer. Aqui ocorre algo semelhante como na expressão "gratificada", cheia de graça, contemplada (kecharitoméne). Não se deve tanto considerar Maria em si mesma *como* bendita, mas a ação do Espírito Santo que a faz bendita. Sobre ela descansou o infinito amor encarnatório de Deus; contemplou-a para ser "o lugar" da total autoentrega do Espírito Santo; Maria foi cumulada de bênçãos e graças e favores pelo Espírito Santo. Por isso ela é bendita entre todas as mulheres. A presença do Espírito Santo nela torna-a objeto da exaltação e elogio de Isabel. O "bendita" está na mesma linha de o "contemplada". Um termo reforça o outro. A expressão "bendita entre as mulheres" traduz um semitismo que expressa o superlativo: "a mais bendita das mulheres"; "de tal forma bendita que a bênção a constitui num grau à parte entre as mu-

---

2. Maeso, D.G. "Exégesis linguística del avemaria", em *Cultura Bíblica* 11 (1954) 310-312.

lheres"[3]. Estas expressões do evangelho de S. Lucas refletem a grande veneração que a Igreja primitiva já devotava a Maria. Toda sua excelência vem do duplo fato: de ser o templo do Espírito e a Mãe de Deus. A pneumatificação do Espírito Santo e a encarnação do Filho, as duas pilastras fundamentais do mistério cristão, se encontram na trajetória biográfica de Maria.

Por ser bendita e santa Maria ajuda a redimir o pecado histórico das mulheres. Na própria história da salvação, entre os antepassados de Jesus, nem todas as mulheres são benditas. Há pecadoras como a genealogia segundo S. Mateus deixa claro (Mt 1,1-16). Citam-se entre os ascendentes de Jesus não as famosas mulheres dos Patriarcas como Sara, Rebeca, Lia e Raquel, mas quatro pecadoras: Tamar, Raab, Rute e "a mulher de Urias", Betsabé. Tamar, como sabemos, porque não tinha filhos, fingiu-se de prostituta para assim seduzir seu sogro Judá (Gn 38); Raab é a famosa meretriz de Jericó, pagã e cananeia (Js 2); Rute, bisavó de Davi, é também pagã e moabita, o que se considerava uma desonra (Rt 4,17). Betsabé, mulher do general Urias, tomada por Davi, mãe de Salomão, era hitita e adúltera. Cristo se insere dentro de uma história que possui dimensões de pecado; Maria situa-se como o último membro desta longa corrente, onde existiu perversão e pecado. Ela ajuda a redimir a negatividade da história; por isso, por um título a mais, é bendita entre todas as mulheres.

2. A densificação do feminino

Não basta proclamar na fé que Maria se coloca numa situação única dentro da história da humanidade, graças ao

---

3. Lagrange, M.J. *Evangile de Saint Luc*. Paris, 1918, 43.

seu envolvimento com o Espírito Santo e com o Filho encarnado. Importa traduzir esta proclamação que em Isabel se expressou num grito ("exclamou em voz alta": Lc 1,42), num discurso mais vertebrado onde se ponham na devida luz as razões desta grandeza. É aqui que cabe a reflexão teológica.

Para poder Maria ser o templo vivo do Espírito Santo e a mãe de Deus na carne deve haver dentro da natureza humana feminina uma predisposição para isso, colocada aí pelo próprio ato criador de Deus[4]. Em vista desta realização sublime, Deus preparou já a própria natureza feminina. Ela só encontra sua plena perfeição e perfeita plenitude quando se concretizar esta possibilidade terminal de poder acolher de forma "encarnatória" o Espírito Santo dentro dela e prestar-se a ser mãe de Deus. Deve-se, portanto, contemplar o caminhar da história humana, em sua determinação feminina, a partir do seu fim como foi historificado na virgem Maria. Para este fim convergem todas as linhas da caminhada e deste fim ganham compreensão e sentido.

Por outro lado, para poder ser o templo do Espírito Santo, a mulher deve ter sido criada por Deus marcada por uma profunda afinidade com o Espírito Santo. Ela mais do que qualquer outra criatura e mais do que o varão é imagem e semelhança do Espírito Santo. Destarte, quando o Espírito é enviado e desce sobre Maria (Lc 1,35), encontra já um receptáculo vivo, preparado e adequado. Ele vem para o que é seu e foi, desde sempre, pensado, querido e criado para este momento singular da história do encontro do feminino com Deus e de Deus com o feminino.

---

4. A argumentação teológica mais completa se encontra em Boff, L. O rosto materno de Deus. Petrópolis, 1979, com a bibliografia aí referida.

Cumpre recordar que quando falamos de feminino não estamos afirmando algo exclusivo da mulher[5]. O feminino é uma realidade humana e por isso vem compartido por todos os seres humanos masculinos e femininos; cada um a sua maneira participa do feminino e carrega dentro de si o princípio feminino. Entretanto, é na mulher que ele encontra sua melhor explicitação e concretização; por isso a mulher é mulher e não varão. Mas, no varão, identificamos também a vigência do feminino, bem como do masculino na mulher. A coexistência tensa e criativa do masculino e do feminino constitui a realidade essencial de cada ser humano.

Interessa-nos refletir, rapidamente, sobre a dimensão feminina presente dentro de cada ser humano. Ao feminino, no varão, e especialmente na mulher, está associado tudo o que concerne à vida, sua gestação, sua proteção, seu alimento; tudo o que diz respeito à criatividade, à intuição e à penetração; tudo o que se refere à intimidade, à interioridade e ao mistério; tudo o que pertence ao sentimento, à receptividade e ao cuidado; tudo o que toca à dimensão de ternura, carinho e aconchego. Tudo isto perfaz a realidade concreta de cada ser humano e na mulher ganha especial densidade. A história permitiu distintas concretizações culturais destas qualidades, inclusive com tanta hegemonia que durante séculos se instaurou uma verdadeira ginocracia (sistema em que a mulher detém o poder social em regime de matriarcado). E houve também manifestações patológicas.

---

5. Cf. Boff, L. "O feminino no conflito das Interpretações", em *O rosto materno de Deus*, op. cit., 37-117, 215-259, com a vasta bibliografia aí anotada.

Maria, como mulher, se insere dentro desta corrente de vida feminina. Ela é uma humilde, pobre e anônima aldeã, mas nela se encontra o foco de convergência dos impulsos vitais femininos. A mulher revela a densidade de sua riqueza feminina particularmente ao redor de quatro eixos: como mãe, esposa, irmã e amiga.

Como *mãe*, ela está ligada ao mistério da vida; a mãe é o primeiro continente que a criança descobre; é pela figura da mãe que o filhinho elabora psicologicamente as primeiras orientações da existência em termos de bem e de mal, de aceitação ou rejeição. Ser mãe é mais do que gerar biologicamente; a potência maternal pervade todos os tecidos da vida da mulher. É a dimensão do aconchego, do cuidado e do estar-em-casa protegido[6]. Mesmo não tendo nenhum filho, toda mulher é mãe, porque cabe a ela criar e gerar, onde se encontra, esta situação sem a qual a vida se sente ameaçada e vazia de sentido.

Como *esposa*, a mulher emerge primeiramente como noiva, promessa de vida, fonte recolhida cujas águas não foram ainda canalizadas. Depois da intimidade materna, é a intimidade esponsorial a mais realizadora experiência humana. A esposa-noiva é próxima e distante ao mesmo tempo. É próxima pelo amor, pela comunicação confiante, pelo fascínio que exerce sobre o amante. É distante porque permanece ainda uma promessa, um oferecimento ainda não plenamente realizado e acolhido; tudo na esposa-noiva está prestes a desabrochar e frutificar. É neste contexto que brilha o valor da

---

6. Cf. Buytendijk, F.Z.J. *La femme. Ses modes d'étre, de paraitre et d'exister.* Desclée de Brouwer, 1967; Evdokimov, P. *La femme et le salut du monde.* Paris, 1958; Manaranche, A. *O Espírito e a Mulher*, Loyola, S. Paulo, 1976, esp. 52-62.

virgindade. Para nossa arqueologia interior, a virgindade representa o arquétipo de inteiro, fechado sobre si mesmo, mas aberto para o fecundo. É então que a esposa-noiva se faz mulher de seu marido. É a celebração do amor e da mútua entrega e o gozo em todos os níveis da existência humana. Aflora uma plenitude acima da qual só se encontra Deus. Toda plenitude que não for Deus é menor do que aquela entre esposo e esposa. Sem a mulher, o homem se encontra na situação que o Gênese descreve (2,22): entre os seres vivos infra-humanos não encontra ninguém que lhe seja uma verdadeira alteridade. Só pode ser a mulher.

Como *irmã*, a mulher aparece como a primeira companheira do homem onde a proximidade supera a distância; ela constitui o amparo do eu masculino que lentamente se independentiza do elo materno e ajuda o irmão a internalizar a figura da mãe e a desenvolver sua dimensão feminina pondo limite à exacerbação do princípio masculino.

Como *amiga*, emerge a confidente, a acompanhante solidária no mesmo caminho. Para o homem, a mulher como amiga se revela como evocadora e iluminadora da outra dimensão; é a Beatriz que conduz todos os Dantes na revelação dos caminhos novos, que para uns podem significar o inferno, o purgatório ou o próprio céu.

Esta simbólica familiar foi vivida integralmente por Maria, mãe de Jesus, esposa de José, irmã de todos aqueles que como ela creem e amiga de Isabel e de Zacarias. Toda a riqueza da dimensão do feminino foi vivida por ela com toda a naturalidade e, por ser o que ela é, na mais radical profundidade.

O Novo Testamento se refere a ela não apenas na linguagem familiar, mas também dentro da simbólica econômica e política. É serva (Lc 1,39) que se coloca ao serviço do desígnio do Senhor; é profetisa que eleva sua voz e suplica a justiça do Reino em favor dos humilhados contra os opressores (Lc 1,51-53).

Resumindo, podemos dizer: Maria é bendita entre todas as mulheres porque na sua vida se revelou a vocação suprema a que está chamada a mulher em relação aos homens e em relação a Deus. Primeiramente, ela revela uma dimensão radical do humano, o feminino, e destarte ela se faz exemplar não somente das mulheres, mas de todos os seres humanos. Em segundo lugar, ela revela, enquanto mulher, uma faceta nova de Deus, enquanto a mulher também é imagem e semelhança de Deus (Gn 1,27). Deus possui também uma profundidade feminina, materna, esponsorial, virginal e aconchegante. Em terceiro lugar, esta profundidade se manifesta historicamente mediante a Pessoa do Espírito Santo que assume Maria e dá início à realização escatológica do feminino em Deus. O Espírito Santo se apresenta como a Pessoa divina adequada a relacionar-se intimamente com o feminino. Na tradição bíblica, o próprio termo hebraico para Espírito – Ruah – é representado como feminino. O Espírito aparenta funções femininas: é Ele o princípio criador e vitalizador (Gn 1,2), numa palavra, é o Espírito de vida. No Novo Testamento, aparece na função materna de consolar (Jo 14,18) os que ficam órfãos; é Ele que como mãe solícita e mestra faz com que os filhos assimilem e aprofundem a lição do mestre Jesus (Jo 14,26); introduz-nos como toda mãe na oração que invoca Deus como Pai (Rm 8,15); é mediante o Espírito, qual mãe, que fazemos nossos pedidos (Rm 8,26). E o Apocalipse nos assegura que é o Espírito e a Esposa que suplicam a irrupção definitiva de Deus no seu Reino na consumação dos tempos dizendo: Vem (Ap 22,17)![7]

Este Espírito não ficou no anonimato histórico-salvífico: corporificou-se na beatíssima virgem Maria. Por isso ela é e será sempre proclamada: Bendita sois vós entre as mulheres!

---

7. Lembramos o importante estudo de Lemmonnyer, A. "Le role maternel du Saint-Esprit dans notre vie surnaturelle", em *Vie Spirituelle*, 1921, 241-251; Verges, S. *Imagen del Espiritu de Jesus*. Salamanca, 1977, 289-325.

VI
Bendito o fruto de vosso ventre, Jesus

> Ó virgem Mãe: oxalá teu Filho nos conceda
> Que, à imitação de tua santíssima vida,
> Possamos conceber o Senhor Jesus
> No mais íntimo de nossa alma.
> E uma vez concebido
> Que jamais o percamos.
>
> Erasmo de Roterdã

Inabitada pelo Espírito Santo, Maria se vê, por obra e graça do Mistério, elevada à altura de Deus. É em sumo grau santificada com a santidade do Espírito Santo. Por isso, diz o texto sagrado, com razão, que o filho que nascerá "será chamado santo, Filho de Deus" (Lc 1,35). Como já consideramos, Maria se torna bendita entre as mulheres porque só ela entre todas foi a contemplada para ser o templo vivo do Espírito. A criança que dela nascer deverá ser também bendita. É o que Isabel, inspirada pelo Espírito, proclama: "bendito o fruto de teu ventre" (Lc 1,42)[1]. A tradição, explicitando, acrescentou Jesus.

---

1. Para a exegese desta passagem veja: Howard Marshall, I. *The Gospel of Luke*. Exeter, 1978, 80-81; Schürmann, H. *Das Lukasevangelium* (Herders theologischer Kommentar zum Neuen Testament III/1). Herder, 1969, 68-69; Laurentin, R. *Structure et théologie de Luc I-II*. Paris, 1957, 81-83; Maeso, D.G., "Exégesis linguística del avemaria", em *Cultura Bí-*

1. Jesus bendito: portador permanente do Espírito

De Maria passamos a Jesus. Ambos são portadores permanentes do Espírito Santo[2]. As antigas profecias davamnos conta de que na plenitude dos tempos, por ocasião da vinda do Messias, o Espírito seria efundido por toda a terra; "efundirei o meu Espírito sobre toda a terra" (Js 3,1-5); "dar-vos-ei um coração novo e porei em vós um Espírito novo" (Ez 36,25-27). O Messias será contemplado de forma singular com a presença permanente do Espírito: "sobre ele repousará o Espírito do Senhor, Espírito de sabedoria e de entendimento, Espírito de conselho e de fortaleza, Espírito de ciência e de temor de Deus" (Is 11,1-2). Mesmo como Servo de Javé sofredor não deixará de possuir o Espírito: "Faço repousar sobre ele meu Espírito" (Is 42,1).

Com efeito, Jesus é todo obra do Espírito porque nasce de Maria, repleta do Espírito; é concebido "por obra do Espírito Santo" (Mt 1,18.20; Lc 1,35). O batismo mostra, na publicidade da história, o que se escondia em Jesus: a plena presença do Espírito (Mc 1,10) que já preexistia nele desde o começo. Na primeira aparição pública de Jesus, quando lança seu programa-mensagem na sinagoga de Nazaré, reporta-se a um texto de Isaías que fala do Espírito: "O Espírito do Senhor repou-

---

blica 11 (1954) 312-314. A expressão "bendito o fruto de vosso ventre" é tradicional na Bíblia (cf. Gn 30,2; Dt 28,4; Jr 2,20; At 2,30). A mesma frase, dita pelo anjo Gabriel a Maria, encontramo-la no livro de Judite 13,18, com pequena modificação do nome: "Tu és bendita entre todas as mulheres e bendito o Senhor Deus". Para uma boa explicação destes paralelismos veja Laurentin, R. *Breve Tratado de Teologia Mariana*, Petrópolis 1965, 23-35, aqui 33; Brown, R. & Reumann, J. *Mary in the New Testament*. Filadélfia, 1978, 134-137.

2. Cf. o verbete *Esprit* no *Dictionnaire biblique* de O. Kittel. Genebra, 1971; Congar, Y. *Je crois en l'Esprit Saint*, t. I. Paris, 1979; Boff, L. *Die Kirche als Sakrament im Horizont der Welterfahrung*. Paderborn, 1972, 361-375.

sa sobre mim. Ele me ungiu e enviou-me para proclamar a boa-nova aos pobres..." (Lc 4,17-19 = Is 61,1s). Cheio do Espírito entrega-se à pregação do Reino e o realiza mediante sua prática libertadora: "Se eu expulso os demônios pelo poder do Espírito de Deus, é porque chegou até vós o Reino de Deus" (Mt 12,28). Ele mesmo se surpreende quando cura uma velhinha de uma hemorragia de sangue, pois se dá conta de que sai dele uma força poderosa (Lc 8,43). Aquilo que os profetas e taumaturgos, esporadicamente, possuíam, Jesus o detém de forma permanente e definitiva. É o tempo pleno em que já se principia vida nova com um homem novo, a mulher Maria e o varão Jesus. A ressurreição revelou toda a transparência do Espírito em Jesus. Seu corpo transfigura-se em "corpo espiritual" (penetrado totalmente pelo Espírito: 1Cor 15,45). Paulo diz claramente que a inauguração do novo ser pela ressurreição constitui obra do Espírito: "Aquele que ressuscitou a Jesus Cristo, dará vida também aos vossos corpos mortais, por meio do seu Espírito que habita em vós" (Rm 8,11). Por isso que o Jesus de São João adverte que "quem não nascer da água e do Espírito não poderá entrar no Reino do céu" (Jo 3,5). Cabe ao Espírito vivificar tudo e inaugurar o novo céu e a nova terra, o novo Adão e a nova Eva.

Escondida dentro desta pequenina palavra "bendito" se encontra toda riqueza do Jesus possuído inteiramente pelo Espírito em continuação de sua própria mãe. Jesus é feito bendito pelo Espírito; por isso pode ser saudado como o "bendito que vem em nome do Senhor".

2. Jesus: Deus-libertador

Somente com Maria e com Jesus o significado do nome coincide exatamente com o significado real e histórico das pessoas. Por isso faz-se mister considerar o nome de Jesus que foi imposto pelo Alto (Lc 1,31; Mt 1,21). Ele encerra todo o mistério e a missão do Filho de Deus encarnado.

Jesus era um nome comum entre os judeus a partir dos inícios do segundo século antes de Cristo[3]. Em hebraico existem duas versões do nome Jesus, uma a forma completa e outra a forma abreviada. A forma completa é Yehôschuah, palavra composta da abreviação Yah (Javé, Yahweh, que fundamentalmente significa: o Deus que acompanha o povo) e yoh do verbo yaschah, que significa libertar, socorrer, auxiliar, salvar e conseguir a vitória. O sentido é: Javé é libertação, salvação e socorro. A forma simplificada é Yeschuah (em grego Iesous e em latim Jesus); evita os sons consecutivos difíceis de se pronunciar ô-û (de Yehôschuah), conservando o mesmo significado. Jesus, portanto, quer dizer Deus-libertador, Deus-salvador. Ora, a libertação e a salvação definitiva formam a obra por excelência do filho de Maria. O nome, por conseguinte, encerra a missão primordial do Filho eterno encarnado em nossa opressão. Ele quis arrancar-nos desta situação sinistra, humilhante para os homens e ofensiva para Deus. Se Ele se encarnou não foi para legitimar a situação perdida que encontrou, mas para protestar contra ela e libertá-la de todas as amarras e libertá-la para a plenitude de divinização no Filho e no Espírito Santo a que todos são chamados, nos passos do próprio Jesus e de Maria.

À luz desta etimologia podemos compreender a importância salvadora que S. Paulo confere ao nome de Jesus:

---

3. Cf. Jeremias, J. Teologia do Novo Testamento. Paulinas, S. Paulo 1978, n. 1; Maeso, D.G. "Exégesis linguística", op. cit., 313-314.

"Deus o exaltou e lhe deu o *nome* que está acima de todo nome, para que ao *nome* de Jesus se dobre todo o joelho, de quantos há no céu, na terra, nos abismos" (Fl 2,9-10). O nome de Jesus, portanto, contém um vaticínio e um presságio: ele significará a vitória completa sobre todos os inimigos do homem e de Deus. Ele, efetivamente, é Senhor (Fl 2,11) e "seu Reino não terá fim" (Lc 1,33); como o próprio São Mateus, explicando o nome de Jesus, diz: "Ele libertará o povo de seus pecados" (Mt 1,21).

O introito da missa de Quinta-feira Santa com belíssimo circunlóquio descreve o significado real do nome de Jesus: "in que est salus, vita et resurrectio nostra, per quem salvati et liberati sumus": no qual está a salvação, a vida e a nossa ressurreição, por quem fomos salvos e libertados.

Encerra-se assim a primeira parte da ave-maria. Inicia-se com o nome de Maria e termina-se com o nome de Jesus. Masculino e feminino vêm com razão unidos, porque um e outro alcançaram a suprema meta da criação: a total extrapolação em Deus; um e outro estão de ora em diante e por todos os séculos unidos indissociavelmente ao mistério de Deus-Filho e de Deus-Espírito Santo. Porque neles se deu a plena autocomunicação do Filho (Jesus) e do Espírito Santo (Maria), então nos encontramos face a uma última instância de salvação e de graça. Com Maria e com Jesus nos encontramos imediatamente com o mistério do próprio Deus. Quando tal evento aflora em nossa história, então tudo chegou à sua consumação. Só nos resta alegrarmo-nos e repletos de júbilo dizermos como o anjo: Ave, alegra-te, ó contemplada!

VII
Santa Maria: a Santidade do Espírito Santo na história

Assim como aquele que se coloca sob uma cascata
Se molha da cabeça aos pés,
Da mesma forma a Virgem, Mãe de Deus,
Foi ungida inteiramente
Pela santidade do Espírito Santo
Que desceu sobre ela.
A partir deste momento ela acolheu
O Verbo de Deus, vivendo
Na câmara perfumada
De seu seio virginal.

Teodoro de Ancira († 446)
Hom. in S. Deiparam et Simeonem, 5:
PG 77, 1400

Consideramos já a inserção de Maria no mistério do Espírito Santo e do Filho eterno. Num certo momento da história da autocomunicação de Deus, Maria significa o foco de convergência: o Espírito mora nela definitivamente e o Filho unigênito começa a se formar em seu seio. O esponsório do masculino e do feminino, numa palavra, do humano, com Deus, se inaugura finalmente e para sempre. Como numa exclamação o fiel proclama: Santa Maria!

Qual é o sentido exato deste grito? Que significa a santidade de Maria? Qual é a relevância para o mistério do ser humano a um tempo masculino e feminino?

1. Santo: outro nome de Deus

Santo para as Escrituras não é um entre tantos atributos de Deus. É outro nome para dizer Deus[1]. A própria etimologia o evoca; santo vem de *sanctus*, particípio passivo do verbo *sancire* que significa: estar separado, ser distinto. Deus-Santo quer dizer: o Outro, aquele que transcende o homem e o mundo (Os 11,9). Tudo vem dele, mas a criação não é prolongamento dele. Ele habita numa luz inacessível (Ex 15,11; 1Tm 6,16). Só Ele é Santo (*fanum* em latim); todos os demais seres são apenas antessala do Santo (profanum). O Santo, compreendido assim, é inacessível ao homem, porque define a essência de Deus (Is 6,3). Como se depreende, a santidade implica mais do que uma qualidade moral: perfeição e pureza que se podem ter e não ter. Trata-se da própria definição de Deus, como Mistério, como Alteridade, como o Outro lado daquilo que vemos e experimentamos empiricamente.

Diante do outro, especialmente do Outro, a atitude digna e humana é o respeito e a reverência. Remover o outro ou reduzi-lo a mero prolongamento de nós mesmos significa profanização e violência. Moisés quando viu a sarça

---

1. Sobre o tema veja: Gross, H. "Santidade" no *Dicionário dos conceitos teológicos fundamentais*. Loyola. S. Paulo, 1974; Imschoot, P. van. "La sainteté de Dieu dans l'Ancien Testament", em *Vie Spirituelle*, n. 309 (1940) 30-44; Pax, E. Heilig, em *Bibeltheologisches Wörterbuch* (J.B. Bauer), Herder, 1959, 398-403.

ardente quis aproximar-se e ao pisar a terra ouve a voz que diz: "Não te aproximes daqui; tira as sandálias dos teus pés porque o lugar em que te encontras é santo" (Ex 3,5). Tirar o calçado é ainda hoje sinal de respeito. O texto sagrado diz mais: "Moisés escondeu o rosto, pois não se atrevia a olhar para Deus" (Ex 3,6). Olhar encerra certa violação; baixar os olhos traduz respeito e acatamento. Tais atitudes são exigidas pela realidade do Santo. Diante de Deus, de sua realidade divina sentimos o *tremendum*, vale dizer, o medo carregado de veneração que simplesmente nos submete e quase aniquila a nossa própria realidade. Então experimentamos a Deus como verdadeiramente o Outro, diferente daquilo que podemos falar, pensar e sequer imaginar. Mas este Outro não é sinistro; é amoroso e atraente (fascinosum), Pai e Mãe de infinita bondade e ternura.

Por isso, o fato de Deus Santo não ser o mundo e o homem e estar separado deles não significa que esteja distante ou fora. Ele possui uma presença essencial a todos os seres; é especialmente sensível ao clamor dos injustiçados e pequeninos (Ex 3,7-9). Ele transpõe a distância essencial por seu amor que aproxima, se solidariza e se identifica. É quando o Deus Santo comunica e faz participar de sua própria santidade. Falamos então de coisas santas, pessoas santas, história santa: trata-se de realidades que foram penetradas pela realidade de Deus e foram feitas divinas e santas. Consideremos mais detalhadamente três formas de santidade participada:

a) Alguém é santo quando é de tal forma assumido pelo próprio Deus Santo que Deus mesmo se faz presente e entra dentro de nossa história. Quando semelhante evento de doçura ocorre devemos falar então de encarnação do próprio Deus. Assim se diz que Jesus, o Filho unigênito feito carne, é "o Santo" por excelência (Mc 1,24; Ap 3,7) ou se aplica a ele o adjetivo santo (Lc 1,35; At 3,14; 4,27.30; Hb 7,26). Jesus Santo é digno de adoração e de total entrega por parte do homem. Diante dele estamos diante do Último, do Supremo, do Santo. É santo porque a essência de Deus se comunicou a ele.

b) Alguém é santo quando, ficando criatura somente, recebe uma missão divina; ela passa a agir em nome de Deus e exerce uma função divina sem ser Deus. Ela é chamada também de santa. Destarte todo o povo de Israel, instrumento de revelação de Deus, é chamado de santo (Dt 7,6; 14,2; 28,9); os profetas e os apóstolos são santos porque são missionários de Deus (Lc 1,70; At 3,21; Ef 3,5; 2Pd 1,21); também as mulheres são chamadas de santas (1Pd 3,5; cf. Mt 27,52). S. João Batista é chamado de santo (Mc 6,20); a Igreja é santa na medida em que é sinal e instrumento, vale dizer, sacramento de Deus no mundo; o Novo Testamento chama a todos os cristãos, assumidos na missão de Cristo, de santos (At 9,13; Rm 17; 1Cor 1,2; Ef 1,1; Cl 1,2; Hb 3,1; Ap 5,8). Não apenas as pessoas, mas também as coisas assumidas numa função divina são chamadas de santas, como o templo (1Rs 9,3), o altar (Ex 29,37), o sacrifício (Ex 28,38), Jerusalém (Is 52,1), Sião (Is 27,13), os ministros do culto (Ex 29,1-35; Nm 8,5-22). As coisas de si são profanas; mas porque entram numa relação com Deus Santo, servem ao Santo, participam também desta santidade.

c) Alguém é santo quando orienta e ilumina sua vida na imitação de Deus Santo. Já no AT se prescrevia: "Sede santos como Deus é santo!" (Lv 11,44; 19,2; 20,26). No

NT Jesus pedia: "Sede perfeitos como vosso Pai é perfeito" (Mt 5,48). S. Paulo nos adverte: "Esta é a vontade de Deus, a vossa santificação" (1Ts 4,3). A santificação significa a ação mediante a qual nos fazemos semelhantes a Deus.

Jesus Cristo, o Santo de Deus no meio de nós, constitui nosso modelo (1Pd 1,5), pois "ele nos deixou o exemplo para que lhe sigamos as pegadas: não cometeu pecado nenhum nem em sua boca se encontrou engano algum" (1Pd 2,22); Ele é simplesmente sem pecado (1Jo 3,5). Ser santo, neste sentido ético, importa ser verdadeiro, justo (Ap 6,10), cheio de misericórdia e amor até poder tudo suportar como Deus que tudo suporta e ama os ingratos e maus (Lc 6,35). Santidade encerra a perfeição de todas as virtudes. Ser perfeito significa fazer bem tudo o que se faz, pouco importa se os atos heroicos ou as ações rotineiras da vida quotidiana. A santidade como perfeição encerra um elemento de pureza; a pureza significa inteireza, ausência de toda mácula, sombra ou imperfeição. Por isso Paulo nos recorda: "vós não fostes chamados para a impureza, mas para a santificação" (1Ts 4,7); em outras palavras fomos chamados a ser perfeitos, radicalmente humanos.

2. Maria, a Santa de Deus: o Espírito Santo se pneumatifica

Estes esclarecimentos prévios nos ajudam a apreender a riqueza escondida na pequena exclamação: *Santa* Maria. Maria apresenta-se santa nos três sentidos explanados acima.

a) *A santidade do Espírito Santo se personaliza em Maria*

Em primeiro lugar, Maria carrega uma santidade substancial, aquela do próprio Espírito Santo. Ela não tem apenas santidade; é santa. A razão fundamental reside no fato de o Espírito Santo se haver pneumatificado nela: "O Espírito Santo virá sobre ti e a virtude do Altíssimo te cobrirá com sua sombra" (Lc 1,35). Já meditamos este aconteci-mento histórico-salvífico único: bem como o Filho unigêni-to também o Espírito Santo parece possuir uma missão pró-pria e uma personalização plena[2]. Maria emerge como o templo preparado e a arca acolhedora e viva na qual mora definitivamente o Espírito Santo. Com razão é chamada a contemplada, quer dizer, a cheia de graça (Lc 1,28). Ela é santa, não primeiramente pela conquista de uma perfeição pessoal eminente, mas por ter sido assumida pelo Espírito Santo: é a nossa hipótese teológica.

Sabemos pelas Escrituras e pela tradição teológica que cabe ao Espírito Santo a obra da santificação dos homens e da criação. Ele representa a santidade personificada[3]. Por sua inabitação na vida dos homens, faz eclodir santos e pro-fetas. Na linguagem técnica da teologia, Ele é a *causa quasi formalis* da vida da graça derramada em nossas existências. Em consequência disto os frutos do Espírito são os frutos da santidade: "caridade, alegria, paz, longanimidade, afabili-dade, bondade, fidelidade, mansidão, continência" (Gl 5,22). Ora, tudo o que santidade significa se personaliza em Maria por causa do Espírito Santo nela.

---

2. Tornamos a insistir que com esta afirmação não estamos ensinando doutrina oficial do magistério, mas apresentando uma reflexão teológica que julgamos bem fundada e capaz de inspirar uma nova piedade maria-na: veja Mühlen, H. "A temporalização do Espírito Santo", em *Myste-rium Salutis*. Vozes, 1974, 21-23.

3. Para isso veja o melhor texto: *Esprit* no *Dictionnaire biblique* de Gerhard Kittel Genebra 1971, com vários colaboradores; Froguet, B. *De l'Ha-bitation du Saint-Esprit dans les ames des justes*. Lethelleux, 1937; Congar, Y. *Je crois en l'Esprit Saint*. Cerf, Paris, 1979.

Neste sentido de santidade essencial, Maria pertence à história do próprio Deus. Não ela, mas o Espírito Santo centraliza as atenções. É o Espírito que se autodoa inteiramente a uma pessoa histórica e destarte se insere dentro de nossa trajetória rumo à plenitude escatológica em Deus. É o Espírito Santo que "de certa forma" se autorrealiza numa dimensão diversa daquela intratrinitária (união do Pai e do Filho), assumindo como sua a natureza humana de Maria e divinizando assim o feminino desta natureza que é compartilhada também pelos varões. Insistimos, Maria é santa pela santidade do próprio Espírito Santo. Aqui não cabe mérito, mas reina a pura e cristalina gratuidade. O Espírito escolhe Maria para Ele mesmo brilhar dentro da criação e santificar todas as coisas. Maria é venerada como o lugar onde este mistério aconteceu com toda a densidade e pela primeira vez de forma pneumatificadora.

Maria emerge como santa ainda por um outro título: é a Mãe de Deus. Aprofundaremos no próximo capítulo a grandiosidade deste fato. Baste-nos enfatizar que, pelo fato de ser realmente a Mãe de Jesus, Deus encarnado, algo de Maria é também assumido pelo Filho unigênito do Pai. Maria forneceu a humanidade plena a Jesus. E este Jesus, desde o primeiro momento de sua existência, pertence ao Filho eterno que assim passa a viver no meio de nós. Portanto, algo do ser de Maria está em Deus e é divinizado e feito Santo, quer dizer, realidade divina.

Bem compreendida esta dimensão da santidade substancial de Maria[4] por causa do Espírito Santo e do Verbo

---

4. Cf. Bover, A. *Soteriologia mariana.* Madri, 1946, 345-353: santidade substancial ou quase substancial de Maria.

eterno nela, devemos então dizer: a santidade de Maria não se apresenta como uma santidade-reflexo daquela santidade-fonte que seria Jesus. Maria não corporifica o mistério da lua (mysterium lunae) que recebe sua luz do mistério do sol (mysterium solis). Sua santidade é originária, porque é santidade do Espírito Santo. A nova Eva junto com o novo Adão nos traduzem o Santo dos Santos que é o mistério do Pai. O feminino juntamente com o masculino, cada qual à sua maneira, se fazem portadores da santidade divina pelo Espírito Santo que se pneumatifica e pelo Filho unigênito que se encarna.

b) *Maria, o sacramento da santidade de Deus*

Refletimos acima sobre um segundo significado de santo, não mais na ordem do ser, mas na ordem do agir e da função: alguém que se presta a ser instrumento do gesto salvador de Deus. Neste sentido podemos dizer que Maria foi eminentemente santa[5].

Cada mulher é imagem e semelhança de Deus (Gn 1,27); por ela revelam-se facetas do mistério de Deus que de outra forma ficar-nos-iam para sempre ocultadas. Maria, graças a seu enredamento com o mistério do Espírito Santo e do Filho, se constitui singularmente imagem e semelhan-

---

5. Cf. Laurentin, R. "Santità di Maria", em *Enciclopédia cattolica*, vol. X. Cidade do Vaticano, 1953, 1874-1877; para o aspecto histórico: Joussard, G. "Le problème de la sainteté de Marie depuis les origines de la patristique jusq'ua Concile d'Ephèse", em *Bulletin de la société française d'études mariales* 5 (1947) 13-28; Journet, C. "Sainteté de Marie et sainteté de l'Eglise", no mesmo *Bulletin* 10 (1952) todo o número; veja *O culto a Maria hoje* de vários autores alemães. Paulinas, S. Paulo, 1980, esp. 29-50.

ça de Deus. A autocomunicação de Deus e toda a história da salvação possuem dimensões maternas e femininas. Em Maria elas se densificam. Ela se faz ainda instrumento de corredenção da humanidade juntamente com seu Filho Jesus; por ela passam as graças do Espírito Santo; sua assunção ao céu mostra o que Deus programou para todos os homens e antecipa a divinização a que o feminino é chamado pelo desígnio eterno do Pai. Mediante Maria Deus quis patentear a superação da velha Eva e realizar plenamente a vocação da mulher, agora como nova Eva. Tudo isto faz Maria supremamente santa, porque está colocada a serviço do plano santo de Deus.

c) *Santa Maria: a peregrinação da fé*

O terceiro sentido de santidade é o ético: o esforço humano rumo à perfeição de Deus. Aqui conta o trabalho artesanal de cada um sobre sua própria vida. Nesta acepção podemos dizer que Maria foi uma santa sem igual, como as ladainhas a Nossa Senhora sempre decantaram através dos séculos.

Primeiramente ressalta Maria como mulher de fé: "feliz porque creste" (Lc 1,45). Fé consiste naquela atitude de radical entrega a Deus e a seu desígnio mesmo quando desaparecem as razões. Antes de conceber Jesus em seu seio, ela creu em seu coração[6]. Disse *sim* à mensagem do Alto. Dizer sim em hebraico é crer. Viver na fé implica viver na peregri-

---

6. É uma expressão muito corrente entre os Santos Padres, assim Santo Agostinho: "Fide plena, et Chirstum prius mente quam ventre concipiens...": *Sermo* 215, n. 4: PL 38, 1074 ou então S. Leão Magno, Papa: "prius mente quam corpore...": *Sermo* I in Nativitate: PL 54, 191.

nação, na obscuridade e muitas vezes na perplexidade. Assim Maria, por ocasião do extravio de Jesus ao regressar da romaria ao templo em Jerusalém, diz perplexa: "Filho, por que fizeste assim conosco? Olha que teu pai e eu, aflitos, te procurávamos" (Lc 2,48). Certamente não ficou menos perplexa quando Jesus nas bodas de Caná lhe diz: "Que há entre mim e ti, mulher?" (Jo 2,3-4). Jesus, praticamente, pede a sua mãe que se conserve na sombra. Outra vez Maria está fora do povo e se aproxima e quer falar com seu filho. Jesus reage de forma surpreendente: "Quem é minha mãe e quem são meus irmãos?" (Mt 12,48). E estendendo a mão na direção dos discípulos disse: "Eis aqui minha mãe e meus irmãos, porque todo aquele que fizer a vontade do Pai, que está nos céus, é meu irmão e minha irmã e minha mãe" (Mt 12,50). Jesus acentua mais o fato de alguém estabelecer laços novos de fé do que restringir-se aos laços de sangue. Mas o que parece incriminação transforma-se em louvor, porque, efetivamente, Maria é aquela que mais creu e assim se faz duplamente mãe de Jesus. A fé convive com a opacidade da vida e o não poder entender todas as coisas. Por isso que o evangelista Lucas comenta a atitude de José e de Maria: "Eles não entendiam o que ele lhes dizia... E sua mãe conservava tudo isso no coração" (Lc 2,50-51). Era objeto da fé e da meditação. Com razão assevera o Vaticano II que Maria "avançou em peregrinação de fé (*Lumen Gentium* 58/146).

Maria, mulher de fé, nos permite compreender melhor sua imaculada conceição. Porque pertence ao Espírito Santo, ela não se situa nos quadros do pecado do mundo. Desde toda a eternidade foi pensada e querida para ser o templo do Espírito e a Mãe de Deus. Em vista desta função divina, foi preservada do pecado ao entrar em nossa história contaminada; por isso é a imaculada conceição. Entretanto, esta situação de plenitude de graça (Espírito Santo) não a transfere para o Reino de Deus; vive na carne e dentro de situações humanas marcadas pela atmosfera do pecado. Sua grandeza não reside em não estar sujeita às contradições da existência, mas em poder enfrentá-las, suportá-las e crescer com elas. Não cabe, portanto, imaginar a vida de Maria como um idílio romântico. A exortação apostólica de Paulo VI sobre o culto à Virgem Maria enfatiza que Maria "foi uma mulher forte, que conheceu de perto a pobreza e o sofrimento, a fuga e o exílio"(cf. Mt 2,13-23)[7]. Devemos superar as fixações culturais que pintaram Nossa Senhora preferentemente dentro da simbólica familiar, do lar, do fogo, da água, da privacidade do marido e dos filhos. O que importa não são as referências sócio-culturais sempre cambiantes, mas o espírito com que Maria se situava dentro desta realidade concreta[8]: adesão total e responsável à vontade de Deus (cf. Lc 1,38), acolhida da Palavra de Deus e a prática desta Palavra, vivência da caridade e do serviço, descentração de seu círculo familiar, porque "não aparece como uma mulher ciosamente voltada só para o próprio Filho divino, mas sim como aquela mulher que, com sua ação, favoreceu a fé da comunidade apostólica, em Cristo (cf. Jo 2,1-12), e cuja função materna se dilatou, vindo a assumir no Calvário dimensões universais"[9].

---

7. "O culto à Virgem Maria", em *Documentos Pontifícios* 186, Petrópolis 1974, n. 37.

8. Idem, n. 35.

9. Idem, n. 37.

Como mãe e esposa e posteriormente como viúva viveu as virtudes pequenas e difíceis que caracterizam a vida familiar e os achaques inerentes à nossa existência na carne. Nisto tudo não foi nada alienante, desatenta ao que se passava na história de seu povo. Pelo contrário, seu cântico do *Magnificat* revela uma capacidade inusitada de indignação ética e de protesto contra as injustiças da sociedade. Como diz o Papa Paulo VI: "foi, sim, uma mulher que não duvidou em afirmar que Deus é vingador dos humildes e dos oprimidos e que derruba dos seus tronos os poderosos do mundo (cf. Lc 1,51-53)... e Maria é a primeira entre os humildes e pobres do Senhor (*Lumen Gentium* 55)"[10] que exatamente esperam sua libertação.

Maria é santa por uma santidade também conquistada no sofrimento, a ponto de o evangelista Lucas dizer: "uma espada te atravessará a alma" (Lc 2,35). Destarte ela pode ser uma estrela orientadora em nossa caminhada de perfeição.

Esta perfeição de Maria, embora realizada sem grandes projeções visíveis na empiricidade da história, exige grande empenho humano. Faz-se mister retidão plena em cada momento; presença densa da mente e do coração em cada coisa que se faça. Como Deus está todo e totalmente em cada coisa, assim o santo está totalmente e todo em cada gesto que realiza. Ser santo está, pois, num modo de ser e não tanto em executar coisas portentosas. Ser santo implica um processo de radical humanização; quanto mais humano se apresenta alguém, tanto mais o divino aflora nele, até a

---

10. Idem, ibidem. Cf. Boff, L. "Maria, mulher profética e libertadora", em *O rosto materno de Deus*. Petrópolis, 1979, 196-211.

completa divinização como em Maria, cheia da graça do Espírito Santo.

3. Relevância antropológica: o feminino unido ao Espírito Santo

Os esponsais de Maria com o Espírito Santo pelos quais a Virgem é feita a Santa de Deus não são um acontecimento privado que interessa somente a Maria. Concerne a todos os homens, particularmente ao destino do feminino que se realiza em todos, mas primordialmente nas mulheres. O feminino é caminho de perfeição bem como a sede na qual o Espírito Santo historificou a Santidade divina. A santidade de Maria, assumida pelo Espírito, é diferente da santidade de Jesus; ambos são expressões da santidade do mistério de Deus, mas por concretizações diferentes. Tudo que é virginal e maternal, tudo que é intuitivo, penetrante e fino, tudo que é íntimo, aconchegante e acolhedor, tudo que é expressão concreta de proximidade, comunhão e participação, realidades do humano que se encontra em todos, mas mais densamente na mulher, tudo isto vem por Maria assumido e feito realidade do Espírito Santo. O feminino culmina na Santidade substancial que é o Espírito Santo. Assim esta dimensão radicalmente humana encontra seu destino derradeiro e pleno. Ele começa a fazer parte da história do próprio Deus, por Maria, a Santa de Deus.

VIII
Mãe de Deus: o Espírito e o Feminino

> A mulher concebe. Ela é como mãe
> diferente da mulher que ainda não é mãe.
> Nove meses a fio ela carrega em seu corpo
> as consequências de uma noite. Cresce algo.
> Algo cresce em seu corpo e de seu corpo
> jamais irá desaparecer. Pois ela é mãe.
> E permanece mãe, mesmo quando a
> criança ou todas as crianças morrerem. Pois
> ela carregou a criança debaixo de seu
> coração. Depois, quando a criança nascer,
> ela continuará a carregá-la no coração.
> E do coração não desaparecerá jamais.
> Nem quando a criança tiver morrido.
> Tudo isto não conhece o homem. Ele não
> sabe nada disso.
> Ele não conhece a diferença entre o antes e
> o depois do amor. Somente a mulher sabe,
> pode falar e testemunhar.
>
> Texto abissínio

As reflexões feitas sobre a santidade de Maria nos facilitam compreender o supremo privilégio de sua maternidade divina. Recapitulemos as principais conexões: primeiramente a virgem foi visitada pelo Espírito Santo de uma forma tão pessoal e profunda que significou uma real elevação à altura divina; por causa desta autocomunicação da terceira Pessoa da SS. Trindade, Maria foi feita santa pela santidade do Espírito Santo, fazendo-a seu templo vivo; em seguida, ela, conservando sua virgindade, concebeu Jesus Cristo por obra do mesmo Espírito Santo; ela gerou e deu à luz o Filho eterno encarnado; o divino gera o divino; por isso o fruto de suas entranhas é Santo e Filho de Deus (cf. Lc 1,35). Destarte Maria se torna Mãe de Deus[1].

1. O conteúdo da fé perene sobre a maternidade divina

Queremos aprofundar esta verdade de nossa fé sem jamais perder de vista os dois polos que nos ajudam a compreender o mistério de Maria: o Espírito Santo e o Filho unigênito do Pai. Pretendemos enriquecer a reflexão consagrada pela Tradição que definiu uma vez por todas, e de forma obrigatória para todos, a verdade de que Maria é a *Theotókos* (Mãe de Deus, em grego) ou a *Dei Genetrix* ou *Deipara* (geradora de Deus, em latim). É importante apropriarmo-nos, primeiramente, do conteúdo da fé comum e perene sobre a maternidade divina de Maria, para em seguida levarmos mais avante a reflexão.

---

1. Para um aprofundamento do tema com a principal bibliografia remetemos para Boff, L. *O rosto materno de Deus*. Petrópolis, 1979, 165-177; cf. ainda Laurentin, R. "Bulletin sur Marie, Mère du Seigneur", em *Revue des Sciences philosophiques et théologiques* 60 (1976) 309-345; 451-500; von Balthasar et al. *O culto a Maria hoje*. Paulinas, S. Paulo, 1980, 132-146.

Sabemos que o Novo Testamento não conhece a expressão Mãe de Deus, mas simplesmente mãe de Jesus[2]. Entretanto a fórmula já circulava em toda a cristandade do século III, sendo canonizada no concílio ecumênico de Éfeso (431), dentro de um contexto cristológico. As polêmicas acerca da real divindade de Jesus que encheram todo o século IV propiciaram a elaboração também da maternidade divina de Maria. Nestório (a partir de 428 patriarca de Constantinopla) ensinava que entre o Filho eterno e o Jesus histórico não vigorava uma ligação substancial, indivisível e inconfundível. Havia sim uma ligação profunda, até maior do que aquela entre Deus e a alma dos justos, mas jamais tão forte que se pudesse afirmar que o único e o mesmo Jesus era simultaneamente Deus e homem. Permanecia entre Deus e o homem Jesus certa justaposição. Em razão desta doutrina Nestório deduzia que Nossa Senhora não poderia ser chamada de Mãe de Deus, mas somente de Mãe de Cristo (Christotókos).

Os fiéis de Constantinopla se revoltaram contra seu patriarca, argumentando: se Cristo não for verdadeiramente Deus, se o homem Jesus não estiver unido hipostaticamente ao Filho eterno do Pai, então podemos dizer que nossa humanidade (que pertence também a Jesus) não foi tocada por Deus; por isso não somos redimidos em nossa própria carne. Devemos afirmar fortemente que Jesus é de fato a encarnação do Filho de Deus; a união homem-Deus é tão forte que o único e mesmo Jesus Cristo emerge de forma inconfundível, indivisível e imutável como verdadeiro homem e verdadeiro Deus. Maria que o gerou é então Mãe de

---

2. Cf. o livro fundamental sob o ponto de vista ecumênico, Brown, R.; Reumann, J. et al. *Mary in the New Testament*. Fortress Press, Filadélfia, 1978.

Deus sem metáfora e eufemismo. Negar a maternidade divina de Maria implica negar a real encarnação de Deus.

O sentido do dogma da maternidade divina de Maria é o seguinte: Maria é Mãe de Deus porque gerou o Deus humanado. Não gerou apenas a carne de Deus, mas o Deus na carne; não concebeu um homem que posteriormente foi assumido por Deus, mas concebeu alguém que desde o primeiríssimo instante pertence a Deus. A pessoa, cuja realidade humana foi concebida *nas* entranhas e *das* entranhas da virgem Maria, é real e verdadeiramente a Segunda Pessoa da Santíssima Trindade, o Filho do Pai eterno[3]. Por causa da divindade de Jesus, a maternidade de Maria, pela qual Jesus foi gerado humanamente, é também divina. Cristo-Deus confere divindade à maternidade da Virgem. Por isso que a fé sempre professou: Maria é a Mãe de Deus.

2. A maternidade divina por causa do Espírito Santo

Como é fácil de se ver, a maternidade divina de Maria constitui uma derivação consequente da afirmação de que Jesus, filho de Maria, é Deus. Entretanto podemos pensar esta verdade a partir do outro polo, o do Espírito Santo, sob cuja ação Maria de virgem se tornou mãe. Já articulamos anteriormente as principais reflexões nesta linha, o que nos dispensa de repeti-las agora. Cumpre tirar as consequências para uma aprofundada compreensão da maternidade divina de Maria.

---

3. As implicações humanas (geração, parturição etc.) e divinas (relação com o Pai e o Filho) são aprofundadas por Laurentin R. *Breve Tratado de Teologia Mariana*. Petrópolis, 1965, 130-141.

Afirmávamos à base de Lucas 1,35 ("O Espírito Santo virá sobre ti...") e de Mateus 1,18 ("ficou grávida do Espírito Santo") uma autocomunicação única do Espírito a Maria, tão concreta e real como aquela do Filho eterno a Jesus de Nazaré. O Espírito ter-se-ia pneumatificado em Maria[4]. Ora, se isto é plausível, então, devemos dizer que a pessoa de Maria e suas várias funções ligadas à realidade da mulher começam a ser divinas. Consequentemente, a virgindade é divina, a maternidade é divina, a concepção é divina, a parturição é divina por força da divinização que vem pela autocomunicação do Espírito Santo. Maria, portanto, é por dois títulos Mãe de Deus: primeiro, porque teria sido assumida pelo Espírito Santo que divinizou sua maternidade; segundo, porque gerou o Filho eterno que também divinizou a maternidade de sua mãe Maria.

Numa palavra: Maria é Mãe de Deus não só porque Jesus, seu filho, é Deus, mas porque Maria, com sua capacidade materna, teria sido assumida por Deus Espírito Santo. Ele fez de sua maternidade maternidade divina. Esta é mais

---

4. Teófano de Niceia (teólogo ortodoxo do século XIV) diz que "Maria desde a origem estava unida ao Espírito, autor da vida; tudo o que degustava da existência participava-o ao Espírito, pois a participação dela no Espírito tornou-se uma participação no ser". Comenta Strotmann, estudioso do tema: "Para Teófano o Espírito Santo era tudo na vida da Virgem e quando o arcanjo Gabriel veio lhe trazer a mensagem de salvação, ele encontrou lá o Espírito que o havia enviado do céu, habitando antes na Virgem que nos céus; nela, o Senhor, descendo sobre ela, encontrou uma terra incorruptível e sem mancha, enquanto toda a terra era corrompida diante dele": Strotmann, T. "Le Saint-Esprit et la Theotokos dans la Tradition Orientale", em *Bulletin de la société française d'études mariales* 25 (1968) 77-91, aqui 85. O texto de Teófano de Niceia se encontra em *Sermo in S. Deiparam* 30 (Jugie, Lateranum I, 178-180).

do que o meio vivo, humano, livre e santo para a encarnação do Filho; é, pois, mais do que um instrumento único
para o mistério da redenção em Jesus Cristo. A própria maternidade de Maria, assumida pelo Espírito Santo, constitui-
ria já um evento de salvação e divinização por si mesma.

A tradição teológica vira a maternidade de Maria quase exclusivamente em sua perspectiva instrumental em ordem à encarnação do Filho[5]; a própria exegese dos textos
referentes à anunciação concentrava tudo ao redor de Cristo[6]; isto impedia de ver a relação única de Maria para com o
Espírito Santo. O texto sagrado: "o Espírito Santo virá *sobre
ti* e a virtude do Altíssimo *te* cobrirá com sua sombra" (Lc
1,35) relaciona diretamente Maria com Deus Espírito Santo[7]. Neste momento Maria é o centro; o texto não fala ape-

---

5. Cf. Schillebeeckx, E. *Maria, Mãe da Redenção*. Petrópolis, 1968, 73-
78; Laurentin, R. *Breve tratado de Teologia Mariana*, op. cit., 125-126.

6. Cf. Lyonnet, S. "L'annonciation et la mariologie biblique, ce que
l'exegese conclut du récit lucanien de l'annonciation concernant la mariologie", em *Maria in Sacra Scriptura*, vol. IV. Roma, 1967, 59-60. O autor observa que "todo o relato de S. Lucas sobre a infância da Virgem
santa é sempre considerado em função de Cristo salvador. Jesus é incon-
testavelmente a pessoa central dos capítulos 1-2 de Lucas para quem todas as demais convergem... No que concerne a Maria ela mesma sempre
se ordena a Jesus; não somente, bem entendido, sua maternidade, mas
também a concepção virginal 'ex Spiritu Sancto'; e assim é porque Jesus
será concebido de uma mãe virgem na qual o Espírito Santo estará presente de uma maneira única; é também por esta razão que a criança será
chamada Filho de Deus. Pouco importa como isso deva ser interpretado,
o laço de causalidade é sublinhado" (p. 60-61). Ora esta "forma única"
de presença do Espírito em Maria é que importa refletir e não simplesmente subsumi-la numa perspectiva cristológica.

7. Cf. Feuillet, A. "L'Esprit Saint et la Mère du Christ", em *Bulletin*, op.
cit., 25 (1968) 39-64.

nas da concepção sobrenatural, fala daquela que concebe, Maria. Maria surge como o destinatário da ação do Espírito Santo que *vem* sobre ela e a transforma em templo vivo, a faz a contemplada para ser o habitáculo do Espírito, a arca da aliança na qual Deus mesmo residia (Ex 40,35). Em razão desta realidade devemos ler ontologicamente o louvor de Isabel: "bendita és tu entre as mulheres" (Lc 1,42) e mais ainda aquele do anjo: "ave, cheia de graça" (Lc 1,28). O polo pneumatológico enriquece o cristológico, permitindo-nos entender mais profundamente a maternidade divina de Maria.

O que convém a uma mãe cujo filho é Deus? Convém que ela também esteja na mesma altura divina. *Por isso* o que nasce dela só pode ser Filho de Deus (Lc 1,35). A maternidade de Maria é divina em sua fonte, em si mesma, não apenas em sua consequência, por causa do filho que é Deus.

3. A virgindade divina de Maria

A primeira característica da maternidade de Maria reside no fato de se tratar de uma maternidade *virginal*[8]. Maria viveu uma virgindade perpétua e ao mesmo tempo foi mãe, sem sacrificar esta sua virgindade. Este paradoxo precisa ser iluminado pela reflexão teológica.

Primeiramente aceitamos na fé que a virgindade de Maria possui uma dimensão biológica; os textos do Novo Testamento pressupõem já a aceitação de tal fato na comu-

---

8. Para todo este problema veja Vallauri, E. "A exegese moderna diante da virgindade de Maria", em *Revista Eclesiástica Brasileira* 34 (1974) 375-399; O'Carrol, M. "The Virginal Conception. Some Recent Problems", em *Marianum* 37 (1975) 429-464.

nidade primitiva e refletem a partir dele. Esta virgindade concreta e histórica constitui o suporte para todos os demais sentidos que devemos também conferir à virgindade de Maria mesmo quando ultrapassam seu sentido biológico.

Ao mesmo tempo que afirmamos o caráter biológico da virgindade de Maria renunciamos às representações curiosas que ferem o espírito de fineza, necessário a esta matéria. Devemos conservar o caráter de mistério que envolve a intimidade virginal de Maria. Como não podemos conhecer as modalidades concretas da transfiguração do corpo e da alma de Maria por ocasião da assunção ao céu, assim também nos escapam totalmente o *como* do nascimento virginal. O que a fé sustenta reside nisto: Maria entreteve com o Espírito uma relação misteriosa que tornou fecunda sua virgindade; a virgindade se manteve para dentro da maternidade; a maternidade englobou dentro de si, sem destruir, a inteira virgindade.

Qual é o sentido profundo da virgindade que se apreende a partir da aceitação deste fato histórico-salvífico? A reflexão cristã articulou algumas motivações que são sempre *a posteriori*. Elenquemos algumas:

A virgindade física de Maria exterioriza o que se passou nela desde o seu primeiro momento de existência: a completa e inteira purificação do pecado original. Maria é virgem em seu espírito e na globalidade de sua vida; nela não existe nenhuma ruptura que tanto magoa e dramatiza nossa existência. Ela pertence ao desígnio primeiro do Mistério que quis divinizar o feminino mediante sua assunção por parte do Espírito Santo. Sua plena inteireza diante de Deus ganha tangibilidade histórica na virgindade. A virgindade física é símbolo de uma realidade interior muito mais real e densa que a realidade empírica. Com razão diziam os Padres da Igreja que Maria primeiro concebeu na mente e no coração e somente depois no corpo.

A virgindade expressa também a radicalidade da entrega de Maria a Deus. Deus é tão central em seu projeto de vida que a virgindade se torna uma demonstração viva. Virgindade aqui não implica nenhum menosprezo ao amor humano e ao matrimônio; estes apresentam-se também como formas do amor de Deus; mas a virgindade revela uma radicalidade única, uma concentração tal em Deus que todas as demais formas de amor serão sempre um amor a partir do amor de Deus, um amor em Deus.

Afirmamos outrossim a hipótese de Maria ter sido assumida pelo Espírito Santo em ordem à divinização do feminino e à revelação do rosto materno de Deus. Nada mais conveniente para semelhante evento histórico-salvífico que Maria fosse virgem, totalmente reservada e conservada para ser o templo vivo do Espírito.

Por fim Maria é a Mãe do Filho de Deus encarnado. Pela força fecundante do Espírito seu seio alberga o próprio Deus. Toda sua vida será um serviço a este Filho; ajudá-lo a crescer, acompanhá-lo em sua missão redentora e junto com ele revelar aos homens o rosto do Pai de infinita bondade.

Como se depreende, esta virgindade para ser plena não poderia ficar fechada em si mesma; deveria abrir-se à maternidade. A mulher é sempre "parens vitae" como dizia a mártir e virgem Santa Eugênia[9], ela é sempre a "mãe da vida" mesmo quando é virgem; com razão o grande escritor antigo Prudêncio († 405) refere-se à virgindade como "mãe

---

9. *Patrotogia Latina* 21, 1129b.

castidade"[10] e S. Leão Magno, papa († 461), fala da "materna virgindade"[11]. Virgindade e maternidade não se excluem, exigem-se mutuamente, pois a maternidade é mais que uma função esporádica de uma mulher; define uma estruturação básica de seu ser; a mulher é sempre mãe mesmo quando não concebe nenhum filho, porque é próprio dela ser geradora de vida, de aconchego, de proteção à vida e estar ligada ao mistério da vida.

4. A maternidade divina de Maria

Maria foi mãe no sentido pleno e direto desta palavra. Isso importa que nela se verificaram todos os fenômenos ocorrentes na maternidade. Há primeiramente uma dimensão biológica de concepção, gestação, nutrição e desenvolvimento do embrião e parto, fenômenos que possuem seu ritmo próprio independente das leis da consciência. Em seguida se revela a dimensão especificamente humana; a maternidade é uma opção livre, implica uma atmosfera de acolhida, de amor e de um secreto e profundo relacionamento com o filho das entranhas. As ciências humanas nos dão conta das complexas relações, por via do inconsciente coletivo, que se estabelecem entre mãe e filho, formando neste as matrizes básicas que o acompanharão ao longo da vida. No caso de Jesus que é fruto do Espírito agindo sobre Maria podemos deduzir a especial marca de Maria, no que concerne ao conteúdo genético, ao genótipo e à herança biológica e também à personalidade psicológica, sobre sua realidade humana. Maria forneceu a Deus toda aquela humanidade

---

10. *Cathem.* 11, 14.

11. *Sermo* 66, 4.

que foi assumida hipostaticamente; algo de Maria, gerado por Maria, pertencendo à vida de Maria, começa a ser de Deus. Por isso algo do feminino é divinizado e eternizado.

Ser mãe não constitui um acontecimento de um determinado tempo; constitui um modo de ser que cobre toda a existência. Pertence à maternidade a participação no crescimento do filho, em sua educação, na definição de seu sentido de vida, no destino histórico que vai assumir. A verdadeira mãe continua a gerar o seu filho até a sua morte. Assim foi com Maria.

Sobre esta realidade humana se constrói e se sustenta a maternidade divina de Maria. Já refletimos que ela se articula sobre dois polos: o polo do Espírito que a fecunda e o de Cristo que, como filho, começa a nascer em seu seio. A natureza humana que ela gerou é assumida hipostaticamente pelo Filho eterno. Maria participa, embora indiretamente, da união hipostática, porque uma relação que se origina dela – o fato de ser mãe de Jesus – entra diretamente no mistério da encarnação; é coassumida.

Relação única se estabelece entre o Espírito Santo e Maria. O Espírito é por excelência o Espírito de vida (Ez 37; 1Cor 15,45; 2Cor 3,6.17); o novo céu, a nova terra e o homem novo são criações dele; a ressurreição de Jesus é obra dele (Rm 8,11) e viver segundo o Espírito nos dá acesso à nova criação (2Cor 5,17; Gl 6,15; Ef 2,15; 4,24). A era do Espírito com a vida no Espírito e segundo o Espírito se inaugura com Maria no momento da anunciação (Lc 1,35) quando Ele, como Pessoa divina, vem sobre ela. Já dissemos inúmeras vezes, encontramo-nos aqui face a um fato histórico-salvífico único e novo como aquele da encarnação do Filho eterno. É a interpretação mais simples e coerente da perícope de Lc 1,35 ("O Espírito Santo virá sobre ti e a virtude do Altíssimo te cobrirá com sua sombra *e é por isso* que o Santo gerado será chamado Filho de Deus"). A partícula "e é por isso" (dià kai) é extremamente importante, decisiva mesmo, para se entender o significado da real e verdadeira vinda do Espírito sobre Maria, elevando-a à sua altura divina. O texto lucano diz claramente que a filiação divina de Jesus é consequência da vinda do Espírito sobre Maria, geradora de Jesus. Já se tentaram todas as exegeses possíveis para explicar este nexo causal entre a função do Espírito Santo e a filiação de Jesus[12]. *Em que sentido se pode dizer que Jesus é Santo e Filho de Deus porque nasceu milagrosa e "espiritualmente" de uma virgem fecundada pelo Espírito Santo?* Esta é a questão que deve ser respondida. Uma exegese cristocêntrica que nos textos lucanos somente vê a relação com Jesus e não com o Espírito não sabe responder convincentemente à questão da partícula "e é por isso que". Não basta apelar para a preexistência do Filho e dizer: ele é Santo e Filho de Deus porque assim o é no seio da Trindade. Onde fica o sentido da partícula?

O Pe. Lyonnet deu um passo à frente quando aprofunda a teologia da *Shekinah* (tenda sagrada) evocada na expressão "e te cobrirá com sua sombra" (episkiázein). A presença divina em Maria a faria "o templo do próprio Deus, o

---

12. Cf. Médebielle, A. "Annonciation" em *Supplément da Dictionnaire de la Bible*, vol. I, 275-278; 290-294; cf. Bover, P. "Quod nascetur (ex te) Sanctum vocabitur Filius Dei Lc 1,35", em *Bíblica* I (1920) 94s; Brown, R. *Mary in the New Testament*, op. cit., 128-134; Legrand, L. "Fécondité virginale selon l'Esprit dans le Nouveau Testament", em *Nouvelle Revue Théologique* 84 (1962) 785-805.

único lugar da terra onde Deus havia de morar"[13]. Em razão disto "o Filho a nascer deve ser Filho de Deus... não somente um ser divino, mas Deus"[14]. Entretanto Lyonnet concentra-se novamente em Cristo. Maria é como que um templo vazio: o habitante é o Filho eterno, é Deus. Não vê que conteúdo próprio assume o templo vivo que é Maria. Não aprofunda a relação Espírito-Maria, mas apenas aquela que vai do Espírito ao Filho.

L. Legrand[15] tenta um outro caminho para mostrar a relação existente entre a filiação divina de Jesus e seu modo sobrenatural de geração. Sustenta com outros tantos exegetas que Lc 1,35 depende em parte de Rm 1,3-4, onde se recolhe a fórmula primitiva da fé da Igreja cristã: "o Filho, nascido da descendência de Davi segundo a carne, é constituído Filho de Deus em poder segundo o Espírito de santidade a partir da ressureição dos mortos". Com este torneio Paulo não quer dizer que Jesus somente se tornou Filho de Deus a partir da ressurreição; na mentalidade bíblica significa que aí se mostrou em poder e glória aquilo que estava escondido. Lc 1,35 expressa exatamente isto: já na sua concepção Jesus é aquilo que a ação do Espírito vai manifestar no dia da ressurreição: Filho de Deus, cheio da glória divina e animado pela força do Espírito de santidade. O evangelista João o diz à sua maneira: "aquilo que é da terra é terrestre" (Jo 3,31) e "aquilo que é nascido do Espírito é espírito" (Jo 3,6). Jesus não é da terra; Ele é "espírito" no sentido bí-

---

13. Lyonnet, S., "Le récit de l'annonciation et la maternité divine de la Sainte Vierge", em *Ami du Clergé* 66 (1956) 45s.

14. Idem, ibidem.

15. Legrand, L. "Fécondité virginale selon l'Esprit dans le Nouveau Testament", op. cit., 785-805, esp. 796-800.

blico do termo, vale dizer, Ele pertence à ordem do mundo renovado do Espírito (Jo 6,53-63), Ele nasceu do Espírito e por isso é Santo e Filho de Deus. Destarte "sua carne, tabernáculo de Deus, é habitada pela Sabedoria, pelo Poder e pela Glória do Pai"[16].

Novamente o acento cai totalmente sobre Jesus e Maria fica como mero instrumento exterior para a grande obra do Pai no Filho por força do Espírito.

Manteau-Bonamy[17] dá um passo significativo à frente. Reconhece taxativamente que o texto de Lc 1,35 permite admitir uma missão *própria* (não simplesmente apropriada) do Espírito Santo, uma autocomunicação visível com referência a Maria[18]. Mas, segundo este autor, o Espírito Santo não assume a carne da Virgem como o Filho assumiu a carne de Jesus. O Espírito "assume a potência maternal da Virgem para que ela seja capaz de conceber... É a fecundidade da Virgem que torna sensível a presença nela do Espírito Santo[19]. Manteau-Bonamy aproxima como ninguém antes dele Maria ao Espírito Santo, a ponto de afirmar uma verdadeira assunção de algo de Maria por parte do Espírito. Entretanto devemos ponderar que este teólogo francês não aprofundou o que significa a maternidade na mulher. Não se trata apenas de uma função; toda mulher possui uma estrutura maternal; trata-se de algo global que envolve a

---

16. Idem, 798.

17. Manteau-Bonamy, H.-M. "Et la vierge conçut du Saint-Esprit", em *Bulletin de la Société Française d'Etudes Mariales*, 27 (1970) 7-23.

18. Idem, 11.

19. Idem, 16.

compreensão da identidade da mulher[20]. Se o Espírito assume a maternidade, isso significa, em termos de uma antropologia mais completa, que ele assume a própria mulher Maria, como nós o temos sustentado ao longo de todas as nossas meditações.

Maria foi predestinada desde toda a eternidade para ser o receptáculo do Espírito para através dela e nela começar a criação renovada a partir de uma realidade que foi desde sempre nova e jamais contaminada: Maria e Jesus. Ela foi "concebida" para ser o templo do Espírito e a partir daí para tornar-se a Mãe do Filho Jesus. Ela foi criada no Espírito de sorte que possui uma conaturalidade eterna com Ele. Como o diz um texto antigo do ofício litúrgico da Imaculada Conceição: "Elegit eam Deus et praeelegit eam et *creavit eam* in Spiritu Sancto"[21]: Deus a elegeu e a preelegeu e a criou no Espírito Santo. Maria é assim inserida no próprio mistério de Deus; sua maternidade é divina por sua origem eterna no desígnio de Deus e não apenas no plano da história temporal; é divina, pela divindade do Espírito Santo. Maria não é somente o templo de Deus, mas também o Deus do templo.

5. O Espírito Santo, a divina Mãe do homem Jesus?

Se dizemos que Maria teria sido assumida pelo Espírito, o Espírito teria tomado forma histórica nela, podemos então dizer que o Espírito Santo é a mãe divina do homem Jesus? Cremos que a conclusão se impõe logicamente.

---

20. Cf. Buytendijk, F.J.J. *La Femme.* Ses modes d'être, de paraître, d'exister. Desclée de Brouwer, 1967, 329-345: la vocation maternelle.

21. Responsório IX do ofício dedicado à Imaculada Conceição.

Primeiramente o Espírito possui uma conotação feminina, como já consideramos anteriormente. Biblicamente é o Espírito o responsável pela vida; ele é fonte e origem de toda vida, especialmente da vida nova e divina (cf. 1Ts 4,8; 2Cor 6,16; 1Cor 15,44-50; Rm 8,11.29; Cl 1,18; Hb 1,6; Ap 11,5). Convinha, portanto, que a manifestação plena da vida divina dentro de nossa história fosse iniciada pelo Espírito. Por obra do Espírito temos a nova Eva (Maria) e o novo Adão (Jesus Cristo). Por Ele, como Mãe divina, se gera o homem Jesus, manifestação na carne do próprio Filho eterno.

Há alguns textos antigos que se referem desta forma ao Espírito. Diz Orígenes: "No evangelho aos Hebreus, o Salvador mesmo disse a propósito da Transfiguração sobre o Tabor: 'De repente, *minha Mãe, o Espírito Santo*, me agarrou por um de meus cabelos e me conduziu sobre a grande montanha do Tabor'"[22]. Num outro comentário ao evangelho de S. João, Orígenes volta a citar este mesmo texto[23]. S. Jerônimo, sempre tão crítico, cita o texto deste evangelho apócrifo aos Hebreus em seu comentário ao batismo de Jesus no Jordão[24]: "E aconteceu que quando o Senhor saía da água, a fonte de tudo, o Espírito Santo, desceu e repousou sobre Ele e lhe disse: meu Filho, dentre todos os profetas eu te esperava, esperava que tu viesses para repousar sobre ti. Tu és, com efeito, meu repouso, tu és meu Filho unigênito que reina eterna-

---

22. *In Jer. Hom.* 15,4.

23. *In Jn. Hom.* 2,6.

24. In Mq 7,6; Is 40,12-13: Benoit et Boismard, *Synopse des Quatre Evangiles*. Cerf, Paris, 1965, 153.

mente"'[25]. Curioso é observar que tanto Orígenes quanto Jerônimo não criticam o texto referido acima. Eles certamente o fariam se percebessem que não se compaginaria com a fé. Aí se diz que o Espírito é a Mãe divina de Jesus. Trata-se de uma maternidade temporal, afetando a humanidade de Jesus, porque em sua dimensão eterna a filiação divina de Jesus "se deriva não do Espírito, mas unicamente do Pai. Porque o homem Jesus nasceu da divina Mãe, o Espírito Santo, apresenta-se, desde o primeiro momento, cheio do Espírito. Ao Espírito, portanto, cabe a obra perfeita da criação: Maria e Jesus.

6. A maternidade universal de Maria e do Espírito

O Espírito gerou o Adão novo; é ele que vai através dos séculos gerar os novos homens e as sementes de ressurreição que foram por ele semeadas dentro da mortalidade de cada vida que vem a este mundo. Que adianta o Espírito ter vindo sobre Maria e tê-la fecundado se Ele não vier sobre cada um de nós e não fizer que nós geremos dentro de nós o Filho eterno de Deus e nosso irmão Jesus Cristo? O processo, uma vez iniciado em Maria, continua ao longo da história. Por isso Maria é a primeira entre muitos irmãos, nós seguiremos a ela, à nossa própria maneira e em nossa própria ordem. Maria é o primeiro membro da comunidade portadora do Espírito, que é a Igreja. O Espírito, primeiramente, densificou sua ação num ser concreto e histórico, Maria, para depois e a partir daí difundi-lo a todos os homens dispostos a dizer-lhe também *fiat*, faça-se! Não é sem razão que alguns teólogos afirmam uma relação íntima e ontológica do Espírito com a

---

25. In Is 11,2: Benoit et Boismard. *Synopse*, op. cit., 18.

Igreja, constituída em uma *una mystica persona*, uma pessoa mística com o Espírito. Esta incorporação da Igreja à Pessoa do Espírito Santo se entende como derivação e prolongamento daquela que se realizou entre Maria e o Espírito.

Desta forma o Espírito goza de uma função maternal face à vida nova e redimida que se inaugurou visivelmente na história com o envio histórico-salvífico do Espírito e do Filho. Como gerou o Filho Jesus, prossegue na geração dos filhos no Filho; a criação nova emerge de sua insuflação à semelhança do primeiro dia da criação quando era Ele que pairava sobre as águas e fazia aflorar a criação em sua ordem e harmonia matinal.

Maria, unida ontologicamente a Ele, torna-se a grande e bondosa mãe universal de todos os viventes, verdadeiramente a nova Eva. O princípio feminino nos homens e nas mulheres fica sumamente dignificado, mais ainda, também divinizado, portador de Deus e templo vivo do próprio Deus. A maternidade humana espelha a maternidade divina; é uma parábola real do mistério do próprio Deus em seu rosto feminino e materno.

IX
Rogai por nós pecadores agora e na hora de nossa morte

Entre os males, Senhora, em que me envolvo
Pelo teu nome, ansiosamente, brado
E entregar-me aos teus braços me resolvo
De alma ferida e corpo alquebrantado.
Porque para onde quer que os olhos volvo,
A sedutora imagem do pecado
Aperta com tentáculos de polvo
Meu pobre coração contaminado.
Bem sei que as tuas graças não mereço.
Mas não viria a ti se tu não foras
Aquela Mãe bondosa que eu conheço.
Abre, descerra as asas protetoras!
Venho morto dos males que padeço,
Seguro abrigo de almas pecadoras.

> Frei Roberto B. Lopes, Jardim fechado, Petrópolis 1952, 44.

A oração da ave-maria é um conjunto de louvores à Virgem e Mãe santíssima, que culmina numa grande petição: "rogai por nós pecadores". Que devem fazer os filhos face a uma tão bondosa e bendita mãe senão suplicar e impetrar o bem mais supremo que podemos apetecer que é a salvação? É o desfecho feliz da autêntica atitude do cristão após ter contemplado a profundidade e a amplitude do mistério que envolve Maria, templo do Espírito e Mãe de Jesus.

Que sentido possui a oração de pedido? Deus não sabe previamente tudo? Maria, porventura, ignora as necessidades de seus filhos? Então por que suplicar e rogar? Aprofundemos teologicamente estas questões[1].

1. A intercessão como fenômeno humano

Muitos cristãos já não conseguem discernir nenhum significado nas orações de pedido. Argumentam: nada na história pessoal e social escapa ao desígnio de Deus. Isaías ensinava no AT: "Eu sou o Senhor e não há outro, sou eu que faço a luz e sou o criador das trevas, autor da paz e criador das desgraças; eu o Senhor faço tudo isto" (Is 45,6-7). O próprio Jesus, num contexto de oração, diz taxativamente: "O Pai já sabe de vossas necessidades, antes mesmo de o pedirdes" (Mt 6,8). Apesar destas frases devemos dizer que tem sentido suplicar e orar como fazemos na ave-maria, no painosso e na prática comum de piedade. Isso não nos dispensa de fundamentar esta prática. Mas finalmente devemos com Tertuliano († 220) concluir como o fez em seu precioso tratado *De oratione* (sobre a oração): "Por que discutir mais sobre o problema da oração? Baste-nos isto: o Senhor também rezou".

---

1. Veja para isso: Greshake, O. & Lohfink, G. *Bittgebet – Testfall des Glaubens*. Mogúncia, 1978; Sudbrack, J. *Beten ist menschlich*. Friburgo, 1973; Vários, "La preghiera del cristiano oggi", em *Presenza Pastorale* 38 (1968) 971-1099; Barrofio, B. "Preghiera", em *Dizionario Teológico Interdisciplinare* 2. Marietti, 1977, 774-784; Verheul, A. "La sainte Vierge dans le culte de l'Eglise", em *Les questions liturgiques et paroissiales*, 1969, 235-251.

Importa partir da experiência humana em sua evidência quotidiana. Toda hora experimentamos necessidades que nós mesmos não conseguimos, por qualquer motivo, satisfazer. De repente rogamos a alguém que nos empreste um pouco de azeite, que nos substitua em alguma tarefa, que nos traga um quilo de feijão do mercado, que nos compre uma passagem de ônibus; outras vezes pedimos ajuda em algum problema interior, uma palavra de lucidez; pedimos compreensão e perdão; rogamos um favor, a intercessão junto a alguém que nos possa resolver algum problema. A vida está cheia de tais situações e é urdida destas relações de solidariedade e de mútua ajuda. Fazemos a experiência daquilo que Dom Hélder Câmara disse tão genialmente: "Ninguém é tão rico que não possa receber, ninguém é tão pobre que não possa dar". Encontramo-nos entrelaçados pelas necessidades humanas, pelos pedidos de ajuda e pelo atendimento solidário.

Se o ser humano depende de outro ser humano quanto mais não dependemos todos de Deus? Não é de admirar que o mesmo estilo de relações pedido-atendimento seja transferido para a relação criatura-Criador.

O AT está cheio de orações de súplica, expressas não raro com grande intensidade em termos de "suspirar, chorar, clamar, derramar a alma, o coração e as mágoas diante de Deus". Baste-nos um exemplo: "Gritamos ao Senhor, Deus de nossos pais, e o Senhor escutou nosso clamor; viu nossa miséria, nossos trabalhos e nossa opressão" (Dt 26,7). Quem grita a Deus deposita nele toda a confiança e espera ser atendido. E Deus é tão onipotente que pode intervir na história, mover céus e terras em favor de seus filhos e de seu desígnio de bondade.

Jesus prega um Deus, Pai de infinita bondade e ternura[2]. Não é um Pai sinistro e distante; é próximo e atento ao mínimo movimento do coração de seus filhos. E Jesus nos ensinou a nos dirigirmos humanamente a Ele, chamando-o de Paizinho, sentindo sua proximidade amorosa. À luz disto se entendem suas palavras tão contundentes: "Pedi e servos-á dado; buscai e achareis; batei e abrir-se-vos-á" (Mt 7,7). Jesus incita à confiança tão onipotente que pode transportar montanhas, vale dizer, realizar o impossível, porque Deus é aquele que faz do impossível possível: "Por isso eu vos digo, tudo o que pedirdes e rogardes, crede que recebereis e vos será dado" (Mc 11,23-24). No Evangelho de S. João o próprio Jesus se mostra a onipotência intercessora: "O que pedirdes em meu nome, eu vo-lo farei" (Jo 14,13-14). A insistência de Jesus é tão grande que propõe a seguinte comparação: "Se vós, que sois maus, sabeis dar coisas boas a vossos filhos, quanto mais o Pai, que está nos céus, dará coisas boas aos que lho pedirem" (Mt 7,11). As duas parábolas do amigo que suplica à meia-noite ao outro amigo já dormindo na cama (Lc 11,5-8) e da viúva que clama ao juiz por justiça até quase aborrecê-lo (Lc 18,1-8) visam mostrar o ilimitado de nossa perseverança: "E Deus não fará justiça aos eleitos que clamam por ele dia e noite, mesmo quando os fizer esperar?" (Lc 18,7).

Deus pode tardar; nossa paciência pode chegar ao limite extremo de suportabilidade; nem por isso há razões suficientes para deixarmos de pedir e desistirmos de esperar. Por isso adverte Jesus: importa pedir "mesmo que Deus nos faça esperar". O decisivo em nossos pedidos não são as mui-

---

2. Cf. Cipriani, S. *La preghiera nel Nuovo Testamento*. Milão, 1970.

tas palavras e gritos (cf. Mt 6,7), pois isto é próprio dos pagãos, mas a perseverança inabalável e a persistência tenaz (Lc 11,5-8; 18,1-8; Mc 11,22-24).

O próprio Jesus suplicou ao Pai em suor e lágrimas no Monte das Oliveiras: "Pai, não me deixes morrer agora" (cf. Mc 14,36). O autor da epístola aos Hebreus ainda recorda que Jesus "entre clamores e lágrimas suplicava àquele que o podia salvar da morte" (Hb 5,7). Portanto Jesus se insere dentro da imensa corrente de suplicantes de toda a história religiosa da humanidade.

2. A intercessão como realidade teológica

Se Deus tudo sabe e conhece nossas urgências muito antes de lhe suplicarmos ajuda, por que nos pede tão insistentemente que roguemos? Sua onisciência e onipotência não são suficientes? Para compreendermos a legitimidade da oração de pedido faz-se mister realizarmos as seguintes três ponderações:

Primeiramente importa possuirmos uma adequada *imagem de Deus*. Ele é efetivamente Santo, isto é, transcendente e um mistério abissal; isto define sua essência. Entretanto não se trata de uma transcendência e santidade vazias; não é um mistério sem nome e sinistro. Com Deus temos a ver com uma realidade dialogal e de infinita comunicação. Apesar de sua distância infinita Ele se deixa atingir; é acessível especialmente aos humildes e aos sofredores. Podemos gritar-lhe: Pai! E temos a certeza de que nos escuta, pois podemos ouvir, na profundidade de nosso coração, sua Palavra que nos diz: Tu és meu filho amado! Com um amor eterno eu te amei! Estabelece-se, portanto, uma troca íntima entre duas vidas e duas profundidades: Deus e o homem. Duas liberdades e dois amores se abrem mutuamente para o louvor, para a gratidão e também para as súplicas e os rogos. Sem esta representação de Deus não entenderíamos toda a estrutura dialogal da oração, particularmente aquela de pedido. Estaríamos mudos diante do silêncio abissal e entregues aos nossos próprios desconsolos.

Em segundo lugar cumpre compreender que Deus quis nos *associar* à sua história de salvação. O desenrolar dos séculos, o desenvolvimento psicossocial no estágio da antropogênese não são apenas obra do amor de Deus que se extrojeta para fora criando o tempo e nele as miríades de seres. Quis associar o homem à sua ação criadora; criou-nos criadores; criou nossa capacidade de civilizar a natureza, sustenta esta energia formidável e a incorpora em seu desígnio de construção de seu Reino. Então nem tudo é fatal e fixado previamente à nossa oração. A nossa súplica entra na composição da obra que é a um tempo de Deus (em seu nível transcendente) e nossa (no nível imanente). Deus e homem não são causas concorrentes situadas num mesmo nível. Ambos concorrem, a partir de sua realidade própria, para produzir a história que é, assim, sempre humano-divina, temporal e eterna. Não devemos imaginar a eternidade como um tempo indefinidamente prolongado ou uma imperecível imobilidade. "A eternidade, segundo a feliz formulação de Gabriel Marcel (filósofo católico francês), é a dimensão em profundidade de nossa decisão temporal, ou de nossa prece de súplica. Segue que minha oração é verdadeiramente autêntica iniciativa de uma criatura livre que se dirige à Onipotência divina. Esse Ser que eu trato por 'Vós' na oração ainda não fixou tudo antes de eu entrar em contato com Ele na oração. Ele o faz num eterno presente que, no instante de minha oração, a penetra e a domina ao mesmo tempo que a cria. Quanto mais íntima for nossa união com Ele, tanto mais firme e eficaz será nossa oração. Esse íntimo abandono a Deus põe de tal modo nossa vontade em harmonia com seu Ser amoroso que o 'obriga' a ouvir orações"[3].

Temos a experiência, tantas vezes verificada, de que Deus realmente ouve nossas orações. Mesmo quando sentimos o silêncio de Deus, nos damos conta de que seu desígnio foi realizado por outros caminhos que não aqueles de nossas súplicas, ainda assim temos a promessa de que Ele sempre nos ouviu e que nossa petição não fica alheia ao seu mistério de amor. O próprio fato da súplica, de nossas lágrimas e gemidos, nos liberta e nos abre para aquele Mistério que ultrapassa nossa apreensão, mas que nos envolve em seu desígnio de bondade.

Por fim cumpre compreender a profunda *solidariedade* que entrelaça todos os homens. Cada um é um; a pessoa constitui uma derradeira irredutibilidade que a coloca imediatamente diante de Deus. Mas nunca está só, ilhada sobre si mesma. Ser pessoa é ser um ser-em-relação, imerso e emerso na realidade de um e do outro. Finalmente formamos uma só humanidade diante de Deus, sua família, solidários numa igual origem, num mesmo caminhar e num fim comum para todos. Tanto mais entramos um no outro quanto mais somos fiéis aos chamados da vida, à justiça, à fraternidade, à mútua aceitação. Não é definindo-nos contra os outros que construímos nossa própria identidade, mas abrindo-nos e solidarizando-nos, se possível até a identificação, com as angústias e esperanças de cada companheiro de jornada. Todo bem que fizermos, todo gesto de

---

3. Cf. Schillebeeckx, E. *Maria, Mãe da Redenção*. Petrópolis, 1968, 112.

amor, toda ideia que constrói não ficam jamais enclausurados no âmbito de nosso minúsculo universo, mas ressoam à distância e perpassam toda a massa humana, elevando-a e consolidando-a em sua caminhada para Deus.

3. Maria, a onipotência intercessora

Se tivermos realizado as reflexões acima articuladas, fica-nos mais fácil compreender a petição final da ave-maria: rogai por nós pecadores. Se cada um pode interceder um pelo outro diante de Deus, quanto mais Maria, mãe espiritual de todos os homens?! Mais do que ninguém ela está ligada a cada ser humano[4]. Foi por seu *fiat* que o Espírito pôde ser aceito dentro de nossa humanidade, divinizando nossa dimensão feminina, fazendo-a fecunda; foi por seu *sim* que o Filho eterno começou a crescer dentro de seu puríssimo seio. Em todos os momentos-chave de nossa libertação esteve Maria presente no início com a vinda do Espírito Santo e do Filho eterno, ao longo de toda a peregrinação terrestre de seu filho Jesus que operava a salvação na força do Espírito Santo, ao pé da cruz, na ressurreição, na ascensão de Jesus e em Pentecostes quando o Espírito que a habitava começa a habitar *visivelmente* a comunidade dos seguidores de seu Filho.

Maria exerce uma intercessão universal por sua própria realidade unida intimamente ao Espírito Santo. Ela é caminho e ao mesmo tempo ponto de chegada a Deus, porque o Espírito mora nela como em seu sacrário vivo. Em sua pró-

---

4. Cf. Müller, A. "Maria e a redenção", em *Mysterium Salutis* III/7. Petrópolis 1976, 176-181; Laurentin, R. *Breve Tratado de Teologia Mariana.* Petrópolis, 1965, 163-167.

pria realidade humana de mulher, ela nos une a Deus. Diante de Maria, por efeito de sua assunção pelo Espírito Santo, encontramo-nos diante de uma última instância de consolo e salvação. Sua intercessão possui a eficácia de Deus. Ela é juntamente com Cristo a mediadora absoluta. O mistério insondável do Pai se nos mediatiza mediante Jesus e Maria que servem de suporte e receptáculo do Filho e respectivamente do Espírito Santo. Por eles nos vem Deus em seu mistério amoroso mais íntimo; por eles vamos ao coração do próprio Pai.

Por Maria a salvação divina possui dimensões femininas, virginais, maternas e esponsoriais. O feminino se torna apto a ser lugar de encontro completo e pleno de Deus, porque Deus, mediante o Espírito, se fez Virgem, Esposa e Mãe. Maria, toda pura e sem pecado, transfigurada pela sombra do Espírito, cheia de graça e "contemplada", glorificada no céu, faz com que sua intercessão tenha um caráter último e pleno; ela penetra no pulsar vital de seus filhos, pelo Espírito que ela carrega, nos faz suplicar os verdadeiros pedidos que ela faz seus. Não assiste à atuação do poder divino, o que seria um antropomorfismo rudimentar, à mercê das idas-e-vindas das súplicas humanas que seriam atendidas sucessivamente. O poder divino está incorporado em Maria pelo Espírito que mora nela e pela maternidade divina de Jesus. Ao rogar por nós é Deus mesmo que roga; ao atender às nossas orações é Deus em Maria que se volta bondosamente para os seus filhos.

4. Maria, refúgio dos pecadores

Os que suplicam se confessam pecadores. Pecador é aquele que deu conscientemente e no exercício de sua liberdade um passo em falso no caminho para Deus. Pecado se constitui como uma definição negativa diante de Deus. Em seu sentido ético-religioso consiste num desvio do reto caminho apontado pela consciência, onde fala a voz de Deus; trata-se de uma prevaricação do chamado de Deus, para a relação justa e fraterna face ao outro, face a uma responsabilidade sobre as coisas do mundo e para uma abertura filial ao Pai.

O pecado constitui sempre uma violência contra o sentido da criação; por isso ele implica desumanização e, em último termo, perdição da absoluta realização humana em Deus.

É nesta situação decadente de filhos rebeldes que suplicamos à Mãe bondosa: rogai por nós. E aí descobrimos Maria como o *refugium peccatorum*, o refúgio protegido dos pecadores, a Mãe de todas as misericórdias. Ninguém como um coração de mãe para perdoar e reconduzir os filhos para o bom caminho. Desde que Maria é verdadeiramente mulher e mãe, desde que o Espírito de todas as graças e de toda vida nova tomou forma humana nela, podemos falar muito humanamente das relações de perdão e de conversão que emanam dela e atingem a profundidade dos corações onde se jogam os destinos eternos dos homens. Assim como Jesus anunciava um Pai que buscava a ovelha perdida e esperava o filho pródigo, assim Maria é mãe especialmente dos filhos desgarrados.

5. Agora e na hora de nossa morte

"Todos pecamos muito em muitas coisas" (Tg 3,2), diz-nos a Escritura. O pecado acompanha-nos como uma sombra negra, cada momento, até a hora da morte. Nesta situação precisamos mais do que nunca a intercessão de Maria. A partir da glória onde está acompanha maternalmente a cada filho. Seu olhar bondoso mostra-se mais forte que o dinamismo do pecado. Por isso a piedade a venera, com razão, como a corredentora e a rainha universal. Efetivamente não há obstáculos que se interponham ao seu gesto aconchegador; a serpente primitiva foi definitivamente esmagada (Gn 3,15); mas nós sentimos seu veneno destilar por todas as fibras de nossa vida pessoal e social. Daí a importância de rogarmos a Maria para que complete em nós, de geração em geração, a sua vitória, agora, em cada momento e especialmente no supremo momento da vida, na hora da morte.

Não precisamos considerar a morte como o *terribilium terribilissimum*, o terribilíssimo dos terríveis momentos; desde que Jesus morreu na cruz e ressuscitou, desde que Maria participou desta sorte humana e foi assunta em glória ao céu, a morte foi desdramatizada e se transformou em antessala da vida. Entretanto, na morte se propicia uma condição única para cada pessoa: ela pode fazer sua última e definitiva síntese da vida; pode englobar tudo num ato de amor que se entrega ao Mistério Supremo e definir sua trajetória eterna na direção de Deus. Neste momento estamos sós diante de Deus: descemos aos infernos de nós mesmos; faremos aquela decisão, diremos aquela palavra que nos definirá eternamente. Para este momento rogamos a presença de Maria e de Jesus. Eles vão conosco, Maria como Mãe e Jesus como Irmão, até os confins de nosso inferno. Então nada precisamos temer. O que temer quando nos sabemos aconchegados nos braços maternos? Quem se sente ameaçado quando amparado pelo Irmão maior?

Por isso com alegria aclamamos Maria como *vita, dulcedo et spes nostra, salve,* como vida, doçura e esperança nossa. A oração de S. Bernardo exprime bem a serena confiança da Igreja e de todo devoto da Virgem Maria: "Lembrai-vos, ó piíssima Virgem Maria, que nunca se ouviu dizer que algum daqueles que tenham recorrido a vossa proteção e implorado o auxílio e reclamado o vosso socorro fosse por Vós desamparado".

X
Amém

Ave Maria
Grávida das aspirações de nossos pobres
O Senhor é convosco
Bendita sois vós entre os oprimidos
Benditos são os frutos de libertação do
vosso ventre.
Santa Maria, mãe latino-americana,
Rogai por nós para que confiemos no
Espírito de Deus
Agora que o nosso povo assume a luta pela
justiça
E na hora de realizá-la em liberdade
Para um tempo de paz,
Amém.

Frei Betto

A ave-maria, como todas as orações cristãs, termina com um amém. O amém expressa nossa plena adesão a Maria. É o descanso da mente e do coração. Tudo se insere num desígnio transcendente, a magnitude da graça e a profundeza do pecado. Poder dizer amém supõe reconhecer o senhorio soberano de Deus. Tudo o que Ele faz está bem feito, apesar dos caminhos tortuosos e das fadigas de nossa compreensão. O amém está ligado à fé, já em sua raiz filológica hebraica; ter fé implica num entregar-se confiado a um sentido supremo aconchegador e plenificador para além de nossos próprios desejos.

Este Sentido supremo o vimos concretizado na pessoa de Maria. Primeiramente e antes de nós foi Deus que disse amém a Maria. Ele disse sim e amém ao feminino, assumindo-o como seu e fazendo-o parte de sua história de autoentrega em revelação e amor. Ele disse sim e amém à mulher, sua imagem e semelhança, tornando-a seu sacrário, sua esposa, sua mãe, um momento de sua própria "realização". O amém pleno de Deus a Maria se deu por ocasião de sua assunção em corpo e alma ao céu. Maria é plenamente entronizada no mistério da SS. Trindade. Aí culmina sua assunção por parte do Espírito Santo, divinizando em grau supremo o feminino da mulher e do varão.

E nós, à maneira de Deus, também repetimos amém. Acolhemos agradecidos o que a fé nos revela mediante Maria. Todos somos vocacionados, cada um em sua medida e em sua ordem, a ser templos de Deus, habitáculos do Espírito e transfigurados na glória celeste. Esta promessa já vem concretizada na pessoa de Maria por obra e graça do Mistério. Por isso dizemos amém.

O pecado empalidece o brilho destas verdades; ele nos faz tropeçar e perder o rumo. Rogamos à Virgem que nos devolva ao bom caminho e que seja a nossa advogada contra as forças do maligno. Apesar dos titubeios, a despeito das quedas, para além de toda fragilidade repetimos amém. Esta fé não é uma escapatória, não constitui um sucedâneo à coragem de ser e de abraçar a miserabilidade da existência. Ao contrário, significa o fundamento que sustenta nossa coragem de poder dizer amém e que confirma nossa esperança para além de qualquer fracasso.

Nosso amém não brota fácil dos lábios. É o termo de uma trajetória de fé que atravessou a noite dos sentidos e do espírito. Este amém teve que dizê-lo também Maria quando peregrinava entre nós na opacidade da fé sem poder entender tantas coisas que guardava em seu coração (Lc 2,51). Agora ela mesma diz eternamente amém, amém.

Nosso amém terreno no final da ave-maria se une ao amém de Deus e faz eco ao amém da nossa grande e bondosa Mãe no céu. Amém.

❧ Livros de Leonardo Boff

1 – *O Evangelho do Cristo Cósmico*. Petrópolis: Vozes, 1971 [Esgotado – Reeditado pela Record (Rio de Janeiro), 2008].

2 – *Jesus Cristo libertador*. 20. ed. Petrópolis: Vozes, 2009.

3 – *Die Kirche als Sakrament im Horizont der Welterfahrung*. Paderborn: Verlag Bonifacius-Druckerei, 1972 [Esgotado].

4 – *A nossa ressurreição na morte*. 10. ed. Petrópolis: Vozes, 2004.

5 – *Vida para além da morte*. 24. ed. Petrópolis: Vozes, 2009.

6 – *O destino do homem e do mundo*. 11. ed. Petrópolis: Vozes, 2007.

7 – *Atualidade da experiência de Deus*. Petrópolis: Vozes, 1974 [Esgotado – Reeditado sob o título de *Experimentar Deus hoje* pela Verus (Campinas), 2002 (4. ed.)].

8 – *Os sacramentos da vida e a vida dos sacramentos*. 27. ed. Petrópolis: Vozes, 2009.

9 – *A vida religiosa e a Igreja no processo de libertação*. 2. ed. Petrópolis: Vozes/CNBB, 1975 [Esgotado].

10 – *Graça e experiência humana*. 6. ed. Petrópolis: Vozes, 2003.

11 – *Teologia Ao cativeiro e da libertação*. Lisboa: Multinova, 1976 [Reeditado pela Vozes, 1998 (6. ed.)].

12 – *Natal*: a humanidade e a jovialidade de nosso Deus. 7. ed. Petrópolis: Vozes, 2003.

13 – *Eclesiogênese* – As comunidades reinventam a Igreja. 3. ed. Petrópolis: Vozes, 1977 [Reeditado pela Record (Rio de Janeiro), 2008].

14 – *Paixão de Cristo, paixão do mundo.* 6. ed. Petrópolis: Vozes, 2007.

15 – A *fé na periferia do mundo.* 5. ed. Petrópolis: Vozes, 1991 [Esgotado].

16 – *Via-sacra da justiça.* 4. ed. Petrópolis: Vozes, 1978 [Esgotado].

17 – *O rosto materno de Deus.* 10. ed. Petrópolis: Vozes, 2008.

18 – O *Pai-nosso* – A oração da libertação integral. 12. ed. Petrópolis: Vozes, 2009.

19 – *Da libertação* – O teológico das libertações sócio-históricas. 4. ed. Petrópolis: Vozes, 1976 [Esgotado].

20 – *O caminhar da Igreja com os oprimidos.* Rio de Janeiro: Codecri, 1980 [Esgotado – Reeditado pela Vozes (Petrópolis), 1998 (2. ed.)].

21 – A *Ave-Maria* – O feminino e o Espírito Santo. 9. ed. Petrópolis: Vozes, 2009.

22 – *Libertar para a comunhão e participação.* Rio de Janeiro: CRB, 1980 [Esgotado].

23 – *Igreja carisma e poder.* Petrópolis: Vozes, 1981 [Reedição ampliada pela Ática (Rio de Janeiro), 1994 e pela Record (Rio de Janeiro), 2005].

24 – *Vida segundo o Espírito.* Petrópolis: Vozes, 1981 [Reedição modificada pela Verus (Campinas), 2002, sob o título de *Crise, oportunidade de crescimento* (3. ed.)].

25 – *Francisco de Assis* – Ternura e vigor. 12. ed. Petrópolis: Vozes, 2009.

26 – *Via-sacra da ressurreição.* Petrópolis: Vozes, 1982 [Reedição pela Verus (Campinas), 2003, sob o título de *Via-sacra para quem quer viver* (2. ed.)].

27 – *Mestre Eckhart:* a mística do ser e do não ter. Petrópolis: Vozes. [Reedição sob o título de *O livro da Divina Consolação.* 6. ed. Petrópolis: Vozes, 2006].

28 – *Do lugar do pobre.* 3. ed. Petrópolis: Vozes, 1984 [Reedição pela Verus (Campinas), 2003, sob o título de *Ética e eco-espiritualidade* (2. ed.) e *Novas formas da Igreja:* o futuro de um povo a caminho (2. ed.)].

29 – *Teologia à escuta do povo.* Petrópolis: Vozes, 1984 [Esgotado].

30 – *Como pregar a cruz hoje numa sociedade de crucificados.* Petrópolis: Vozes, 1984 [Reedição pela Verus (Campinas), 2004, sob o título de *A cruz nossa de cada dia* (2. ed.)].

31 – *Teologia da libertação no debate atual.* Petrópolis: Vozes, 1985 [Esgotado].

32 – *Francisco de Assis.* Homem do paraíso. 4. ed. Petrópolis: Vozes, 1999.

33 – *A trindade, a sociedade e a libertação.* 5. ed. Petrópolis: Vozes, 1999.

34 – *E a Igreja se fez povo.* Petrópolis: Vozes, 1986 [Reedição pela Verus (Campinas), 2004, sob o título de *Ética e eco-espiritualidade* (2. ed.), e *Novas formas da Igreja:* o futuro de um povo a caminho (2. ed.)].

35 – *Como fazer Teologia da Libertação?* 9. ed. Petrópolis: Vozes, 2007.

36 – *Die befreiende Botschaft.* Freiburg: Herder, 1987.

37 – *A Santíssima Trindade é a melhor comunidade.* 11. ed. Petrópolis: Vozes, 2009.

38 – *Nova evangelização:* a perspectiva dos pobres. 4. ed. Petrópolis: Vozes, 1991 [Esgotado].

39 – *La misión del teólogo en la Iglesia.* Estella: Verbo Divino, 1991.

40 – *Seleção de textos espirituais.* Petrópolis: Vozes, 1991 [Esgotado].

41 – *Seleção de textos militantes.* Petrópolis: Vozes, 1991 [Esgotado].

42 – *Con la libertad del Evangelio.* Madri: Nueva Utopia, 1991.

43 – *América Latina:* da conquista à nova evangelização. São Paulo: Ática, 1992.

44 – *Ecologia, mundialização e espiritualidade.* 2. ed. São Paulo: Ática, 1993 [Reedição pela Record (Rio de Janeiro), 2008].

45 – *Mística e espiritualidade* (com Frei Betto). 4. ed. Rio de Janeiro: Rocco, 1994 [Reedição revista e ampliada pela Garamond (Rio de Janeiro), 2005 (6. ed.)].

46 – *Nova era:* a emergência da consciência planetária. 2. ed. São Paulo: Ática, 1994 [Reedição pela Sextante (Rio de Janeiro), 2003, sob o título de *Civilização planetária:* desafios à sociedade e ao cristianismo].

47 – *Je m'explique.* Paris: Desclée de Brouwer, 1994.

48 – *Ecologia* – Grito da terra, grito dos pobres. 3. ed. São Paulo: Ática, 1995 [Reedição pela Sextante (Rio de Janeiro), 2004].

49 – *Princípio Terra* – A volta à Terra como pátria comum. São Paulo: Ática, 1995 [Esgotado].

50 – (org.) *Igreja:* entre norte e sul. São Paulo: Ática, 1995 [Esgotado].

51 – A *Teologia da Libertação*: balanços e perspectivas (com José Ramos Regidor e Clodovis Boff). São Paulo: Ática, 1996 [Esgotado].

52 – *Brasa sob cinzas*. 5. ed. Rio de Janeiro: Record, 1996.

53 – A *águia e a galinha*: uma metáfora da condição humana. 47. ed. Petrópolis: Vozes, 2009.

54 – *Espírito na saúde* (com Jean-Yves Leloup, Pierre Weil, Roberto Crema). 7. ed. Petrópolis: Vozes, 2008.

55 – *Os terapeutas do deserto* – De Fílon de Alexandria e Francisco de Assis a Graf Dürckheim (com Jean-Yves Leloup). 12. ed. Petrópolis: Vozes, 2009.

56 – O *despertar da águia*: o dia-bólico e o sim-bólico na construção da realidade. 21. ed. Petrópolis: Vozes, 2009.

57 – *Das Prinzip Mitgefühl* – Texte für eine bessere Zukunft. Freiburg: Herder, 1998.

58 – *Saber cuidar* – Ética do humano, compaixão pela terra. 16. ed. Petrópolis: Vozes, 2009.

59 – *Ética da vida*. 3. ed. Brasília: Letraviva, 1999 [Reedição pela Sextante (Rio de Janeiro), 2005, e pela Record (Rio de Janeiro), 2009].

60 – A *oração de São Francisco*: uma mensagem de paz para o mundo atual. 9. ed. Rio de Janeiro: Sextante, 1999 [Reedição pela Vozes (Petrópolis), 2009].

61 – *Depois de 500 anos*: que Brasil queremos? 3. ed. Petrópolis: Vozes, 2003 [Esgotado].

62 – *Voz do arco-íris*, 2. ed. Brasília: Letraviva, 2000 [Reedição pela Sextante (Rio de Janeiro), 2004].

63 – *Tempo de transcendência* – O ser humano como um projeto infinito. 4. ed. Rio de Janeiro: Sextante, 2000 [Reedição pela Vozes (Petrópolis), 2009].

64 – *Ethos mundial* – Consenso mínimo entre os humanos. 2. ed. Brasília: Letraviva, 2000 [Reedição pela Sextante (Rio de Janeiro), 2003 (2. ed.)].

65 – *Espiritualidade* – Um caminho de transformação. 3. ed. Rio de Janeiro: Sextante, 2001.

66 – *Princípio de compaixão e cuidado* (em colaboração com Werner Müller). 4. ed. Petrópolis: Vozes, 2009.

67 – *Globalização:* desafios socioeconômicos, éticos e educativos. 3. ed. Petrópolis: Vozes, 2002 [Esgotado].

68 – *O casamento entre o céu e a terra* – Contos dos povos indígenas do Brasil. Rio de Janeiro: Salamandra, 2001.

69 – *Fundamentalismo:* a globalização e o futuro da humanidade. Rio de Janeiro: Sextante, 2002 [Esgotado].

70 – (com Rose Marie Muraro) *Feminino e masculino:* uma nova consciência para o encontro das diferenças. 5. ed. Rio de Janeiro: Sextante, 2002 [Esgotado].

71 – *Do iceberg à arca de Noé:* o nascimento de uma ética planetária. 2. ed. Rio de Janeiro: Garamond, 2002.

72 – (com Marco Antônio Miranda) *Terra América:* imagens. Rio de Janeiro: Sextante, 2003 [Esgotado].

73 – *Ética e moral:* a busca dos fundamentos. 4. ed. Petrópolis: Vozes, 2009.

74 – *O Senhor é meu Pastor:* consolo divino para o desamparo humano. 3. ed. Rio de Janeiro: Sextante, 2004 [Reedição pela Vozes (Petrópolis), 2009].

75 – *Responder florindo.* Rio de Janeiro: Garamond, 2004.

76 – *São José:* a personificação do Pai. 2. ed. Campinas: Verus, 2005.

77 – *Virtudes para um outro mundo possível* – Vol. I: Hospitalidade: direito e dever de todos. Petrópolis: Vozes, 2005.

78 – *Virtudes para um outro mundo possível* – Vol. II: Convivência, respeito e tolerância. Petrópolis: Vozes, 2006.

79 – *Virtudes para um outro mundo possível* – Vol. III: Comer e beber juntos e viver em paz. Petrópolis: Vozes, 2006.

80 – *A força da ternura* – Pensamentos para um mundo igualitário, solidário, pleno e amoroso. 3. ed. Rio de Janeiro: Sextante, 2006.

81 – *Ovo da esperança:* o sentido da Festa da Páscoa. Rio de Janeiro: Mar de Ideias, 2007.

82 – (com Lúcia Ribeiro) *Masculino, feminino:* experiências vividas. Rio de Janeiro: Record, 2007.

83 – *Sol da esperança* – Natal: histórias, poesias e símbolos. Rio de Janeiro: Mar de Ideias, 2007.

84 – *Homem:* satã ou anjo bom. Rio de Janeiro: Record, 2008.

85 – (com José Roberto Scolforo) *Mundo eucalipto.* Rio de Janeiro: Mar de Ideias, 2008.

86 – *Opção Terra.* Rio de Janeiro: Record, 2009.

87 – Fundamentalismo, terrorismo, religião e paz. Petrópolis: Vozes, 2009.

88 – Meditação da luz. Petrópolis: Vozes, 2009.

CULTURAL

Administração – Antropologia – Biografias
Comunicação – Dinâmicas e Jogos
Ecologia e Meio-Ambiente – Educação e Pedagogia
Filosofia – História – Letras e Literatura
Obras de referência – Política – Psicologia
Saúde e Nutrição – Serviço Social e Trabalho
Sociologia

CATEQUÉTICO PASTORAL

Catequese – Pastoral
Ensino religioso

TEOLÓGICO ESPIRITUAL

Biografias – Devocionários – Espiritualidade e Mística
Espiritualidade Mariana – Franciscanismo
Autoconhecimento – Liturgia – Obras de referência
Sagrada Escritura e Livros Apócrifos – Teologia

REVISTAS

Concilium – Estudos Bíblicos – Grande Sinal – REB
RIBLA – SEDOC

VOZES NOBILIS

O novo segmento de publicações
da Editora Vozes.

PRODUTOS SAZONAIS

Folhinha do Sagrado Coração de Jesus
Calendário de Mesa do Sagrado Coração de Jesus
Almanaque Santo Antônio – Agendinha
Diário Vozes – Meditações para o dia-a-dia
Guia do Dizimista

CADASTRE-SE
www.vozes.com.br

EDITORA VOZES LTDA.
Rua Frei Luís, 100 – Centro – Cep 25.689-900 – Petrópolis, RJ – Tel.: (24) 2233-9000 – Fax: (24) 2231-4676 –
E-mail: vendas@vozes.com.br

UNIDADES NO BRASIL: Aparecida, SP – Belo Horizonte, MG – Boa Vista, RR – Brasília, DF – Campinas, SP – Campos dos Goytacazes, RJ – Cuiabá, MT – Curitiba, PR – Florianópolis, SC – Fortaleza, CE – Goiânia, GO – Juiz de Fora, MG – Londrina, PR – Manaus, AM – Natal, RN – Petrópolis, RJ – Porto Alegre, RS – Recife, PE – Rio de Janeiro, RJ – Salvador, BA – São Luís, MA – São Paulo, SP
UNIDADE NO EXTERIOR: Lisboa – Portugal